大学生心理健康教育与发展研究

向 红 著

北京工业大学出版社

图书在版编目（CIP）数据

大学生心理健康教育与发展研究 / 向红著 . — 北京：北京工业大学出版社，2022.1

ISBN 978-7-5639-8253-0

Ⅰ．①大… Ⅱ．①向… Ⅲ．①大学生－心理健康－健康教育－研究 Ⅳ．① G444

中国版本图书馆 CIP 数据核字（2022）第 026845 号

大学生心理健康教育与发展研究

DAXUESHENG XINLI JIANKANG JIAOYU YU FAZHAN YANJIU

著　　者：	向　红
责任编辑：	张　贤
封面设计：	知更壹点
出版发行：	北京工业大学出版社
	（北京市朝阳区平乐园 100 号　邮编：100124）
	010-67391722（传真）　　bgdcbs@sina.com
经销单位：	全国各地新华书店
承印单位：	唐山市铭诚印刷有限公司
开　　本：	710 毫米 ×1000 毫米　1/16
印　　张：	11.25
字　　数：	225 千字
版　　次：	2023 年 4 月第 1 版
印　　次：	2023 年 4 月第 1 次印刷
标准书号：	ISBN 978-7-5639-8253-0
定　　价：	72.00 元

版权所有　　翻印必究

（如发现印装质量问题，请寄本社发行部调换 010-67391106）

作者简介

向红，女，1986年12月出生，重庆万州人。毕业于广西民族大学，硕士研究生，国家二级心理咨询师，目前在重庆三峡学院任讲师。研究方向为大学生心理健康教育、高等教育学、创新创业教育。主持市级科研项目两项，参与国家级、市级及校级科研和教改项目多项，发表论文三十余篇，完成实用新型专利和软件著作权二十余项。

前　言

随着社会生活节奏的加快，大学生所需要承担的压力也越来越大，大学生心理健康问题成为社会各界颇为关注的内容，大学生心理健康教育也成为当前高校的主要教育内容之一。加强大学生心理健康教育不仅有利于高校教学工作的顺利开展和实施，更重要的是能够在一定程度上促进大学生心理健康发展，使之顺利完成学业，以积极的心态步入社会。本书主要对大学生心理健康教育的途径与方法进行研究，从而保障大学生心理健康教育工作的顺利进行。

全书共七章。第一章为绪论，主要阐述心理健康的含义与标准、心理健康的意义与价值、大学生心理发展的特点等内容；第二章为大学生心理问题与心理咨询，主要阐述大学生常见的心理问题、大学生心理问题的成因、大学生心理咨询的内容等；第三章为大学生自我意识发展与心理健康，主要包括自我意识概述、大学生自我意识的发展、大学生健康自我意识的培养等内容；第四章为大学生人格发展与心理健康，主要包括人格概述、大学生人格心理特征、大学生健全人格的培养等内容；第五章为大学生人际交往与心理健康，主要包括人际交往概述、大学生人际交往中的心理障碍、大学生人际交往能力的培养等内容；第六章为大学生情绪管理与心理健康，主要包括情绪概述、大学生常见的情绪困扰与调适、大学生情绪管理的基本策略等内容；第七章为大学生生命教育与心理危机应对，主要包括生命教育概述、大学生心理危机的表现、大学生心理危机的干预等内容。

为了确保研究内容的丰富性和多样性，笔者在写作过程中参考了大量理论与研究文献，在此向涉及的专家、学者表示衷心的感谢。

限于笔者水平，加之时间仓促，本书难免存在一些不足之处，恳请同行专家和读者朋友批评指正！

目 录

第一章 绪 论 ·· 1
第一节 心理健康的含义与标准 ·· 1
第二节 心理健康的意义与价值 ·· 8
第三节 大学生心理发展的特点 ·· 11

第二章 大学生心理问题与心理咨询 ·· 17
第一节 大学生常见的心理问题 ·· 17
第二节 大学生心理问题的成因 ·· 20
第三节 大学生心理咨询的内容 ·· 25

第三章 大学生自我意识发展与心理健康 ··· 34
第一节 自我意识概述 ·· 34
第二节 大学生自我意识的发展 ·· 42
第三节 大学生健康自我意识的培养 ·· 51

第四章 大学生人格发展与心理健康 ·· 55
第一节 人格概述 ·· 55
第二节 大学生人格心理特征 ··· 69
第三节 大学生健全人格的培养 ·· 75

第五章 大学生人际交往与心理健康 ·· 81
第一节 人际交往概述 ·· 81
第二节 大学生人际交往中的心理障碍 ··· 90
第三节 大学生人际交往能力的培养 ·· 104

1

第六章　大学生情绪管理与心理健康 ············ 115
第一节　情绪概述 ············ 115
第二节　大学生常见的情绪困扰与调适 ············ 126
第三节　大学生情绪管理的基本策略 ············ 133

第七章　大学生生命教育与心理危机应对 ············ 140
第一节　生命教育概述 ············ 140
第二节　大学生心理危机的表现 ············ 163
第三节　大学生心理危机的干预 ············ 167

参考文献 ············ 171

第一章 绪 论

大学生是一个特殊群体，是一个高知识层、未成熟的青年群体，他们肩负着国家改革和建设的重任，是祖国的未来与希望，因此高校大学生心理健康教育的成功与否直接关系国家的前途和命运。基于此，本章分为心理健康的含义与标准、心理健康的意义与价值、大学生心理发展的特点。

第一节 心理健康的含义与标准

一、心理的含义

心理是指感觉、知觉、记忆、思维、意志、性格、意识倾向等心理现象的总称。人的心理并不是虚无缥缈、神秘莫测的事物，人们每时每刻都在体验着，经历着；只要处在清醒状态下，就会感到它的存在。但人的心理现象又是丰富多彩、错综复杂的，它看不见摸不着，很难把握和控制。为了了解人类自身的心理世界，探索其发展、变化的规律，也为了研究方便，心理学把人的复杂多样的心理现象划分成相互联系的两大方面：心理过程和人格心理特征。

（一）心理过程

心理过程是人的心理活动发生、发展的过程。具体地说，心理过程是指在客观事物的作用下，在一定时间内大脑反映客观现实的过程。根据性质和形态的不同，可将心理过程分成认识过程、情感过程和意志过程。

1. 认识过程

认识过程是人在认识事物时产生的心理活动，包括感觉、知觉、记忆、想象和思维。感觉是人脑对直接作用于感觉器官的事物的个别属性的反映；知觉是对作用于感觉器官的事物的整体反映；记忆是经历过的事物在人脑中的反映；想象是在原有感性形象的基础上创造新形象的心理过程；思维是人脑对客观事物本质属性及其规律的间接、概括的反映。

2. 情感过程

情感过程是人对客观事物是否符合自己的需要所产生的一种态度体验。人们在认识客观世界时，并不是无动于衷的，总是要伴有一定的态度体验，或喜或悲，或欢欣跳跃，或忧愁悲伤，这些都是情感（或情绪）的实际表现。

3. 意志过程

意志过程是人自觉地确定目的并克服困难去实现目的的心理过程。人不仅能够认识世界，还能够改造世界，但是，人们在这个过程中会遇到许多困难和挫折，克服这些困难和挫折主要取决于人的意志过程。

心理过程的三种形式并不是彼此孤立的，而是一个相互联系、相互制约的整体。认识是情感和意志产生的前提，情感和意志随着认识活动的变化而变化；反过来，人的情感和意志也影响认识过程，对人的认识起着推动作用。

（二）人格心理特征

人格心理特征是一个人身上经常表现出来的本质的、稳定的心理特点。它包括能力、气质和性格。

能力是直接影响活动效率、保证活动顺利完成的人格心理特征。能力总是和活动联系在一起，反映了个体具有完成某种活动的潜在可能性。

气质是一个人与生俱来的心理活动的动力特征，反映了个体心理活动的动力特征。

性格是一个人对现实的稳定态度和习惯化的行为方式，反映了个体对现实的态度和行为特征。

能力、气质和性格之间是彼此联系、相互影响的，它们反映了人格心理特征的不同侧面。

心理过程和人格心理特征构成了人的心理现象的两大方面，两者是紧密联系、不可分割的。人格心理特征需要通过心理过程形成并表现出来，已经形成的人格心理特征又制约着心理过程的进行，因为没有客观现实的意志行动，人格心理特征就无法形成；反之，人格心理特征的差异又决定着对事物的认识程度、情感体验的深度和意志行动的强度。所以，人的心理是一个完整的统一体。

二、健康的含义

（一）健康的概念

"健康"一词最早见于我国的《周易》和《尚书》两部典籍之中。《周易》中说："天行健，君子以自强不息。"《尚书》中云："身其康强，子孙其逢吉。""健康"一词有"刚健""康强""安乐""无病"之意。

"健康"一词的英文为"health"，意指人体对其环境有良好的适应性，两者保持正常的动态平衡；疾病则由人体与环境的正常平衡被破坏所致。

《辞海》中对"健康"一词是这样解释的："健康，是指人体各器官系统发育良好、功能正常、体质健壮、精力充沛并具有良好劳动效能的状态。"

随着现代科学技术的飞速发展与社会文化的迅猛变革，生活在现代社会的人普遍面临着激烈的竞争，快速的生活节奏、前所未有的巨大心理压力使人不堪重负，这对人们的健康产生了重大影响。

人们开始逐渐认识到了心理、社会因素在健康与疾病及其相互转化中的不容忽视的作用，进而逐步确立了身心统一的健康观，从更全面的角度诠释健康的概念。因此，生物—心理—社会医学模式应运而生。

1948年，世界卫生组织（World Health Organization，WHO）在成立宪章中指出："健康乃一种身体上、精神上和社会适应上的完好状态，而不仅仅是没有疾病和虚弱的现象。"这是对健康较为全面、科学、完整、系统的定义。这种对健康的理解意味着，衡量一个人是否健康必须对生理、心理、社会、行为等因素进行分析，不仅看他有没有器质性或功能性异常，还要看他有没有主观不适感，有没有社会公认的不健康行为。

1989年，世界卫生组织重新定义了健康的概念，提出了21世纪健康新概念："健康不仅是没有疾病，而且包括躯体健康、心理健康、社会适应良好和道德健康。"可见，21世纪人类的健康应该是生理的、心理的、社会适应与道德健康的整合。在这一新概念中，以生理健康为物质基础，并发展心理健康与良好的社会适应，而道德健康则是整体健康的统帅。

此外，关于死亡的定义，在几千年来的传统观念中，人们都将心跳和呼吸停止视作人的死亡。而现代社会，心脏、肾等器官的功能可以靠机器维护，还可进行异体移植，于是提出了脑死亡的概念，从而才最后在逻辑上统一了人们对人体生命中枢问题的认识，而脑死亡的新概念也更强调了人格生命中的心理因素。这种认识是现代社会人们对健康概念的全面总结与更新，健康不再仅仅是躯体状况的反映，还必须是心理活动正常、社会适应良好的综合体现。

（二）现代健康观

长期以来，"没有病痛和不适，就是健康""没查出疾病，就是健康"，这种"无病即健康"的传统观念一直为许多人所持有。随着科学技术的不断进步，人类对自身健康与疾病的认识也在不断深入。特别是自20世纪以来，现代科技与社会文化的迅猛发展，使人们面临越来越多的心理应激。与此同时，人类的疾病谱、死亡率发生了重大变化，这种变化促使人类的健康观念产生了革命性的拓展。

1. 二维健康观

1948年世界卫生组织成立时，把健康定义为"一种生理、心理和社会适应都完满的状态，而不仅仅是没有疾病的状态"。这一定义是人们对健康概念的更新和总结，人类的健康不再只是生理（躯体）健康，而且应包括正常的心理状态和社会适应能力。

世界卫生组织在1978年国际初级卫生保健大会上，发表了著名的《阿拉木图宣言》，这份宣言对"健康"进行了第一次明确的定义："健康不仅是没有疾病，而且还是身体的、精神的健康和社会适应良好的总称。"该宣言强调，健康是基本人权，尽可能地达到健康水平是世界范围内一项重要的社会性目标。时隔11年后，1989年世界卫生组织又一次深化了健康的概念，认为健康包括躯体健康、心理健康、社会适应良好和道德健康。这种新的健康概念从"单一的生物医学模式"演变为"生物心理社会医学模式"，增添了"心理健康"和"社会适应健康"，它既考虑人的自然属性，又考虑人的社会属性，因此被称为"二维健康观"，这充分体现了健康观念的重大进步。

2. 三位一体的健康观

进入21世纪，人类的健康问题日益受到广泛关注，呈现"亦喜亦忧"的态势。首先说"喜"从何来。现代医疗科技和临床治疗的进步日新月异，生理疾病的形成机制的研究进展和治疗技术的科学精湛，让我们没有理由不对现代医疗护卫大众健康的现实进步和光明前景充满信心。然后谈"忧"为何故。大量从前偶有耳闻，感觉离我们很远的"心身疾病"以及由此引发的焦虑和担忧日渐紧迫地向我们袭来。于是，一种全新的健康理念，从最初的心理健康先知者的带有"心理呓语"色彩的感悟中逐渐形成，这就是"身—心—灵"。

"身—心—灵"三位一体的健康观认为,在我们的身体、心理之上,还有一个居于主导地位的心灵的存在。心灵是在我们个体生而即有的本能取向的基础上,经由成长中的个体社会化逐渐形成的关于信仰和操守的精神体系。它存在于我们的精神世界,不为外人所知,甚至连我们自己都未必能清晰地觉察到。心灵以某种价值、理念为指导,并将其奉为自己的行为准则和活动指南,懂得做什么和不做什么的内心主宰。有心灵的人才谈得上人生价值,能够赋予短暂人生以永恒的意义。心灵的有无,在很大程度上决定着一个人的发展的可能性。没有心灵的人,会失去把握自身命运的力量,其发展的可能性会大大降低。有心灵的人,会调动自身的一切力量,集中到预定的目标上,其知识、能力、内心世界都会得到充实和提高,从而推动个人及社会的发展。心灵健康的人会让自己的生活价值定向明确,有效开发个人潜力,乐观积极地面对社会,收放自如,掌控自己。

按照"身—心—灵"三位一体的健康观可知,一个健康的人的画像是:身体健康——饮食起居舒适自然,主题生活和休闲娱乐相映成趣,生理机能处于常态标准以上,生理免疫功能完好;心理健康——自我概念明朗,心智反应健全,情绪表达流畅,行为活动自控;心灵健康——信仰纯美稳健,操守内方外圆,人与自然一体,从容淡定处世。

到此为止,我们可以清晰地形成一个关于健康的"认知轮廓"——现代健康的含义是多元的、广泛的,包括生理、心理和心灵三个层次。身体健康是物质基础,心理健康是精神表现,心灵健康是根本保障;在心灵健康的统帅作用下,身体健康与心理健康相互作用,良好的心理状态使生理功能处于和谐状态;反之,则会降低或破坏某种功能而引发疾病。而身体状况的改变也会引起相应的心理问题和生理上的疾病,特别是痼疾,往往引发烦恼、焦躁、忧虑抑郁等不良情绪,从而导致各种不正常的心理状态。健康的身体让人产生自信、乐观、主动、有担当的良好心理。心灵将身、心两者统一为一体,在心灵的主导下,身、心朝着心灵认同、向往、追求的方向发生演变和整合。

人是身体、心理和心灵三者的共同体,这就是"身—心—灵"三位一体的健康观念。运用这一思想体系,可以描述、阐释、预测和控制与身体、心理相关的健康现象和问题。这一全新的健康观念已经受到主流心理健康学界的积极认同。

三、心理健康的含义

对心理健康的概念,历来有不同的看法:美国心理学家亚伯拉罕·马斯洛和密特尔曼提出过十条被认为是经典的标准:一是有充分的自我安全感;二是能充分了解自己，并能恰当地估计自己的能力；三是生活理想切合实际；四是不脱离周围现实环境；五是能保持人格完整与和谐；六是善于从经验中学习；七是能保持良好的人际关系；八是能适度地宣泄情绪和控制情绪；九是在符合团体要求的前提下，能有限度地发挥人格；十是在不违背社会规范的前提下，能适当地满足个人的基本需要。

中国学者马建青在1992年提出了心理健康的七条标准：一是智力正常；二是情绪协调，心境良好；三是具有一定的意志品质；四是人际关系和谐；五是能动地适应环境；六是保持人格完整；七是符合年龄特点。

结合专家、学者的不同见解，所谓心理健康，最概括的含义是指人的心理，即知、情、意活动的内在关系协调，心理内容与客观世界保持统一，并据此能促进人体内外环境的平衡和促使个体产生与社会环境相适应的状态，并由此不断地发展健全的人格，提高生活质量，保持旺盛的精力和愉快的情绪。

四、大学生心理健康的标准

大学生是一个特殊的群体，在年龄、知识结构、生活环境、学习和交往等方面有自己的特点。综合国内外专家、学者的观点，根据大学生这一特殊群体的年龄特征、心理特征和社会角色特征，一般把大学生心理健康的标准概括为以下七条。

（一）智力正常

智力是指一个人认识能力与活动能力所达到的水平，是人的观察力、注意力、记忆力、想象力、思维能力、创造力和实践活动能力等的综合，包括在经验中学习或理解的能力，获得和保持知识的能力，迅速而成功地对新情境做出反应的能力，运用推理有效地解决问题的能力等。

智力正常是大学生学习、生活、工作的最基本的心理条件，是大学生胜任学习任务、适应周围环境变化所必需的心理保证，因此，智力正常是衡量大学生心理健康的首要标准。一般来说，大学生的智力是正常的，甚至相对于同龄人，其智力总体水平较高。衡量大学生的智力，关键在于看大学生的智力是否正常地、充分地发挥了效能，即有强烈的求知欲和浓厚的探索兴趣，智力结构中各要素在其认识活动和实践活动中都能积极协调地参与并能正常发挥作用，使大学生乐于学习。

（二）情绪健康

情绪健康的主要标志是情绪稳定和心情愉快，这是大学生心理健康的一个重要指标。因为情绪在心理病变过程中起着重要的作用，情绪异常往往是心理疾病的先兆。大学生的情绪健康应包括以下内容。

①愉快情绪多于不愉快情绪，一般表现为乐观开朗，充满热情，富有朝气，满怀自信，善于自得其乐，对生活充满希望。

②情绪稳定性好，善于控制和调节自己的情绪，既能克制约束，又能适度宣泄，不过分压抑，使情绪的表达既符合社会的要求，又符合自身的需要，会在不同的时间和场合恰如其分地表达情绪。

③情绪反应是由适当的情境引起的，反应的强度与引起这种情绪的情境相符合。

（三）意志健全

意志是人在完成一种有目标的活动时所进行的选择、决定与执行的心理过程。意志健全者在行动的自觉性、果断性、顽强性和自制力等方面都表现出较高的水平。意志健全的大学生在各种活动中都有自觉的目的性，能适时地做出决定并运用切实有效的方法解决所遇到的各种问题；在困难和挫折面前，能采取合理的反应方式；在行动中，能控制情绪和言行，既不顽固执拗、轻率鲁莽、言行冲动，又不意志薄弱、优柔寡断、害怕困难。

（四）人格完整

人格，在心理学上是指个体比较稳定的心理特征的总和。人格完整，就是指有健全统一的人格，即个人的所想、所说、所做都是协调一致的。大学生人格完整的标准主要有以下几条。

①人格结构的各要素完整统一。

②具有正确的自我意识，不产生自我同一性混乱。

③以积极进取的人生观为人格的核心，并以此为中心把自己的需要、愿望、目标和行为统一起来。

（五）自我评价正确

正确的自我评价是大学生心理健康的重要条件。大学生是在现实环境与他人的相互关系中、在自己的实践活动中认识自己的。一个心理健康的大学生对自己的认识应比较接近现实，有"自知之明"。对自己的优点感到欣慰，但又不狂妄自大；对自己的弱点不回避，也不自暴自弃，善于正确地"自我接纳"。

（六）人际关系和谐

人总是处在一定的社会关系中的，大学生也同样离不开与人打交道。和谐的人际关系，既是大学生心理健康不可缺少的条件，又是大学生获得心理健康的重要途径。人际关系和谐的表现主要有如下几点。

①乐于与人交往，既有稳定而广泛的人际关系，又有知心朋友。
②在交往中保持独立而完整的人格，有自知之明，不卑不亢。
③能客观评价别人和自己，善于取人之长补己之短。
④宽以待人，乐于助人。
⑤具有积极的交往态度。
⑥交往动机端正。

（七）适应能力强

较强的适应能力是心理健康的重要特征。不能有效处理与周围现实环境的关系是导致心理障碍的重要原因。心理健康的大学生，应能与社会保持良好的接触，对社会现状和未来有较清晰正确的认识，思想和行动都能跟上时代的发展步伐，与社会的要求相符合。这里所讲的适应，不是被动、一味地迎合，甚至与不良风气、落后习俗同流合污，而是在认清社会发展趋势的基础上，主动适应社会发展的要求。心理健康的大学生不会逃避现实，更不妄自尊大、一意孤行，做出与社会要求背道而驰的行为。

第二节　心理健康的意义与价值

现代社会人们越来越重视自身的心理健康问题，因为心理健康问题确实影响我们生活的方方面面，如影响我们的幸福和快乐，影响我们的自信和成功，影响我们的人际关系。可以肯定地说，一个心理不健康的人是没法感受到幸福的。

一、心理健康的人更容易拥有成功的人生

心理素质较差的人，往往难以做到合理地看待困难和挫折，使自己陷入悲观、消极的心态中无法自拔，甚至一蹶不振，最终会被困难、挫折击垮。这样的人即

使智商再高也难成大器。而拥有良好的心理素质和健康的心态的人，面临困难、挫折时能及时地调整自己，合理地看待困难和挫折，使自己保持乐观、自信的心态，并最终战胜困难、挫折，从而可以拥有成功的人生。

二、心理健康的人更容易保持乐观、自信

对自卑的人来说，不是别人看不起你，而是自己看不起自己。美国伟大的企业家杰克·韦尔奇虽然患有口吃的疾病且个子矮小，可是他在母亲的鼓励下，并不因自己的先天缺陷而自卑，而是尽力去改善自己的劣势，并努力让自己的优势发扬光大。两个人不同的道路说明：一个人是否乐观、自信，是与他能否悦纳自我分不开的。

心理学上的积极悦纳自我是指一个人相信自己存在的价值，认同自己的能力，并在行为上表现出一种与环境和他人积极互动的心理定式，即接受自己现实的一切。无论是丑的还是美的，是好的还是坏的，是成功的还是失败的，是有价值的还是无价值的，只有当一个人能够愉快地接纳自己的优点和缺点时，才能够在困难和挫折面前始终保持乐观、自信的心态。而悦纳自我，则是心理健康的人的基本标志。

三、心理健康的人更容易感受到幸福和快乐

我们常常以为拥有了金钱和财富、爱情和友情、权利和成就等外在的条件后，才会感到幸福。很多人以为，赚钱这件事可谓"多多益善"，哪有人会嫌钱太多？然而，英国媒体2010年的一份大学生心理健康教育民意调查显示，对英国民众而言，年薪5万英镑（约合人民币42万元）的群体过得最快乐。一旦年薪超过5万英镑，赚钱越多反而过得越不快乐。在年薪超过7万英镑的受访者中，大多数人承认自己过得不如那些仅赚5万英镑的人快乐。而案例中渔夫的故事告诉我们，幸福、快乐的唯一条件是有能够感受幸福和快乐的健康心灵。人们如果缺乏健康的心态，常常会身在福中不知福，一味地抱怨上天的不公，其实每个人的幸福都在身边。只要拥有一颗健康的心灵，用心去体会，就会发现幸福无处不在。

每个人都渴望幸福，而幸福却好像又那么遥不可及，所以人们终其一生都在追求幸福。在心理学中，我们把幸福称为主观幸福感。主观幸福感是指个体根据自定的标准对其生活质量的总体评估，它是衡量个体生活质量的重要的综合性心理指标。主观幸福感有三个特点：①主观性。它依赖评价者本人的标准而非他人的标准。②整体性。它是一种综合性评价，包括积极情感、消极情感、对生活的

满意感这三个维度。③相对稳定性。虽然在每次测量时会受到当时情境和情绪状态的影响，但研究证实，它是一个相对稳定的值。在这种意义上，决定人们是否幸福的并不是实际发生了什么，而是人们对所发生的事情如何根据自己的标准进行解释，在认知上进行怎样的加工。幸福不幸福在于自己的感受，一个乞丐也许会因得到一枚硬币而感到幸福万分；而一名亿万富翁虽然腰缠万贯，但未必感到幸福。

心理学家认为，一个人的主观幸福感是与他的心理健康程度密切相关的，心理越健康的人，越容易感受到幸福。

四、心理健康的人更容易与他人保持良好交往

因为与同学人际关系不好就嫉恨、报复同学，令人感叹不已。这同时也让我们思考，我们在生活中怎样才能与他人友好地相处呢？

有一个画家，画了一幅他认为平生画得最好的画。他很想让别人评价一下这幅画，于是又临摹了一幅，并把它放在路边，请路过的人看了这幅画后在认为画得最不好的地方做个记号。到了晚上，他把这幅画收回来一看，心里顿时凉了半截，他发现这幅画上所有的地方都被做上了记号。换言之，这幅画没有一个地方是画得好的。但他转念一想，当天夜里又临摹了一幅一模一样的画，第二天仍然把它放在路边，不同的是请路过的人看了这幅画后在他认为画得最好的地方做个记号。到了晚上，他把这幅画收回来后，发现这幅画上所有的地方也都被做上了记号。换言之，这幅画上的每一个地方都有人认为是画得最好的。也就是说，这幅画上的每一个地方，都是既有人认为是画得最好的，也有人认为是画得最不好的。

这个故事说明，在人际交往中，一个人如果时时处处以别人的观点为行动标准，就会感到无所适从；如果一个人要求别人时时处处以他的观点为行动标准，最终的结果也只能是令他失望的。因此，由于受不同的家庭背景、生活经历、知识经验等的影响，对于同样的事情，不同的人往往会有不同的看法。我们在跟同学相处时，要学会尊重他人的价值观，接纳他人的不同观点，尊重他人的生活习惯，同时也要坚持自己的原则，做到有礼有节、相互尊重，这样才能与同学相处融洽。

只有保持健康的心态，才能在人际交往中做到既承认自己，又尊重别人，才能体谅别人，才能在友好的关系中享受轻松和快乐，才能与别人融洽地相处，良好地交往。

第三节 大学生心理发展的特点

一、大学生心理发展的基本规律

心理发展是指个体随着年龄的增长,在相应环境的作用下,整个反应活动不断得到改造,日趋完善、复杂化的过程,是一种体现在个体内部的连续而又稳定的变化。大学生的心理发展通常呈现以下规律。

(一)连续性与阶段性

心理发展既体现出量的积累,又表现出质的飞跃,从而表现出阶段性。

连续性是指各个年龄阶段的心理发展虽然是有区别的,但也是不间断的,表现出心理发展的继承性。在某一年龄阶段之初,会保存着大量的前一年龄阶段的心理特点;在这一年龄阶段之末,也会产生较多的下一年龄阶段的心理特点。

阶段性是指在心理发展过程中,在不断地产生量变的基础上出现质变,而使得某个年龄阶段具有不同于其他年龄阶段的一般的、典型的、本质的特点。

(二)方向性和不可逆性

在正常情况下,心理发展具有一定的方向性和先后顺序,既不能逾越,也不能逆向发展。例如,个体动作的发展就遵循自上而下、由躯体中心向外围、从粗动作到细动作的发展规律,这些规律可概括为动作发展的头尾律、近远律和大小律。

(三)不平衡性

个体从出生到成熟体现出多元化的模式,表现为,不同系统在发展速度、起始时间、达到的成熟水平等方面不同,同一机能系统特性在发展的不同时期(年龄阶段)有不同的发展速度。个体在某一特殊的成熟时期,受适宜的环境影响,最容易习得某种行为,发展特别迅速,而如果错过该时期,这方面的发展情况就会变得较为困难,这个特殊时期便被称为关键期。从总体的发展情况来看,幼儿期出现第一个加速发展期,然后是儿童期的平稳发展阶段,到了青春期又出现第二个加速期,然后又平稳地发展,到了老年期开始下降。

(四)个体差异性

尽管每个人的发展期都要经历一些共同的基本阶段,但个体的发展差异仍然是明显的，发展的优势（方向）、发展的速度、发展的高度（达到的水平）往往是千差万别的。例如，有的人观察能力较强，有的人记性较好；有的人爱动，有的人喜静；有的人早慧，有的人则大器晚成。

二、大学生心理发展的基本阶段

大学生作为中国社会文化层次较高的群体，其普遍年龄为18～25岁，从身体机能的角度来看，大学生正处于青春期，疾病不多；从心理健康角度来分析，大学生正处于青年中期，其心理具有青年中期的许多特点。

大学生正处于青年中期，随着生理年龄的增长，其心理也会发展、变化。一般可以把大学生心理的发展分为三个阶段，即入学适应阶段、稳定发展阶段和就业准备阶段。

（一）入学适应阶段

入学适应阶段是大学新生的关键时期，其主要特征是大学生对环境的不适应和大学生思想的不稳定。大学新生从高考成功的喜悦中走出来，面对的是从中学到大学的一系列变化。由于大学新生一般都对大学生活寄以过高的期望，而进入大学后，期望与现实的差距难免使他们产生失落感。再加上生活环境、人际关系、学习方法方式都发生变化。这些变化，使他们原来已形成的心理定式受到冲击，产生一系列的不适应。大学新生心理适应的状况如何，会直接影响到整个大学时期的学习生活。大学新生只有在新环境中努力适应，才能实现新的心理平衡。

1. 角色的变化

从角色定位来看，大学生面临从家庭角色向社会角色的转变。高中生在人们眼里还是个半独立的未成年人，一直在家长和教师划定的"圈子"里成长，其学习目的就是考取大学。高中生的主要任务是学习，很少考虑自己在社会中的作用与责任，可以说，高中生还没有真正成为社会的独立成员，还无力承担社会责任，其家庭角色占据主导地位。但是，进入大学后，学生开始脱离一个相对单纯的、依赖感强、学习任务相对单一的环境，从而走进一个生活更加独立、学习任务更重、社会要求更高的环境，开始经历知识扩充、思想升华、情感丰富、人格完善的社会化培养过程。大学生的学习目标已不再是升学，而是要成为社会所需要的高素质人才。这不仅仅意味着文化层次的提高，更意味着要承担一种神圣的社会责任。大学生的角色定位已由家庭角色向社会角色转变。

从角色位置来看，大学生面临从"中心角色"向"普通角色"的转变。大部分考上大学的学生在中学阶段都是学习上的佼佼者，教师的称赞、家长的宠爱、同学的钦佩，通常让他们在心理上享受"中心人物"的待遇，从而滋生出一种优越感、荣耀感和自豪感。进入大学后，面对从四面八方汇集而来的优秀学子，许多学生会发现校园中、班级里人才济济，在眼界学识、文体特长、交往能力、组织才干等方面各有千秋，甚至胜过自己，原来让自己感到自豪的优势和特长也不复存在，大多数学生的角色位置由原来的"中心人物"突然间转为"普通人物"。

2. 生活上的变化

中学阶段，许多学生居住在家里，不少人还拥有属于自己的独立空间。在这个空间里，自己的作息不会受其他人的影响，也不会影响其他人，学习、生活比较自由自在。进入大学后，大学生一般都住集体宿舍，个人行为方式和生活作息上难免会互相受到影响和制约，这需要自己在一定程度上学会适应。

当代大学生中很多是家中的"独苗"，从小受到父母乃至祖辈的溺爱。进入大学后，当他们面临生活中的一些问题时，没有家人的悉心照料，许多学生不知如何安排自己的生活，也不知道向谁求助。

入大学前，学生生活的中心内容是学习，课余时间较少，生活领域基本上是家和学校。进入大学后，学生的生活领域大大拓宽，仿佛突然间由一个"小天地"闯入一个"大世界"。面对丰富多彩的大学校园文化生活以及宽松的学习生活环境，新生在兴奋、激动的同时，也可能应接不暇，学习生活缺乏目的性。

3. 学习上的变化

与中学的学习相比，大学学习已发生了很大的变化。从学习任务上来看，中学生的学习任务主要是掌握科学文化基础知识，为参加高考选拔做好文化知识的准备。而大学是培养高素质专门人才的场所，大学生既要学习基础理论知识，又要学习和掌握专业知识与技能，争取将来成为各部门各行业所需要的高级专业人才。从学习内容上来看，中学生为了升入理想的大学，其学习内容主要是与高考密切相关的文化知识。而大学生接受的是全面的素质教育，大学生不仅要完成教学大纲规定的公共课、基础课、专业课的学习，还要完成选修课、实践课、课外阅读等任务。

除此之外，大学生还要通过多种多样的社团活动、第二课堂来提高自己的综合素质。与中学生相比，大学生的学习任务更重。从学习方法上来看，中学生的学习活动基本上是由教师安排好的，学生认真听教师的课堂讲解获得知识，并通过完成教师布置的课后作业来巩固所学知识。中学生的学习是被动的、接受式的学习，大学生的学习方法截然不同。大学教师的授课不拘一格，他们很少像中学教师那样逐个对知识点进行讲解，而只进行指导性的讲解，或提供解决问题的方法和思路。因此，大学生有更多的自学空间，许多问题需要大学生自己去探索、解决。大学生的学习是一种自主的、发现式的学习。

4. 人际交往上的变化

从交往范围来看，中学生往往拥有的是以学习为圆心，以学校到家庭为半径的狭窄的交往圈，形成的是不掺杂任何利益关系的、单纯的交往模式。但是，大学校园为大学生提供了自由的活动与交往空间，使大学生的人际交往范围扩大到学习、生活、娱乐等各个方面，交往圈子明显扩大。

从交往的欲望来看，中学生生活在父母的身边，能经常体验到父母的关爱，再加上大多数中学生在高考的压力下也只是埋头苦读，因此中学生对人际交往的渴望不是特别强烈。进入大学后，离开熟悉的家庭和中学环境而踏入一个陌生的大学环境，大学生渴望一种归属感，渴望一个充满信任和理解的环境。大学生关注的不仅仅是学习，还有社会上方方面面的信息，这种信息需要通过与他人的交流才能获取到。

同时，随着自我意识的不断增强，大学生会站在一个更高的角度来审视和评价自己，会发现自己还有很多需要改善和提高的地方，他们渴望通过人际交往来学习他人的长处，来锻炼和提高自己各方面的能力。因此，与中学生相比，大学生的人际交往欲望更加强烈。

从交往技巧来看，中学生交往的主要对象是父母以及性格、习惯与自己相近的同学，这种交往比较单纯，对交往的技巧要求较低。而大学生交往的对象是来自五湖四海的教师及同学。由于受到地域条件、风俗习惯、民族文化和家庭背景等因素的影响，不同的教师及同学都形成了不同的人格特点及习惯，这使得大学生的人际交往变得更加复杂，更需要交往技巧。

5. 管理制度的变化

从管理方式来看，由于中学生在许多方面都不够成熟，因此他们大部分时间是在学校、教师的直接管理和家长的监督下学习、生活的，很少有自主安排的课余时间和活动。进入大学后，管理方式发生了很大的变化。为了培养大学生的独立能力和适应社会的能力，大学更多地强调大学生的自我管理、自我教育、自我服务及自我约束。相关管理部门通过指导大学生建立自己的管理组织（如学生会、党团组织）对大学生进行间接的管理。这种相对宽松的管理方式，使大学生拥有了自主管理及自主发展的空间。与此同时，习惯了服从的大学新生，面对宽松的管理方式不知道如何管理自己。

从管理系统来看，中学的管理制度主要通过班主任实施，这种管理体系能让中学生清楚地明白管理制度，从而以管理制度约束自己的行为。而大学的管理制度不像中学那么集中，学校各职能部门分工负责管理大学生的某个方面。尽管有些学校也为大学生安排了辅导员、班主任，但对大学生的管理也是指导性的。

（二）稳定发展阶段

经过一段时间的大学生活，大学生形成了新的学习习惯和生活习惯。人与人之间的关系基本稳定并在逐渐发展着，社交圈子也逐渐扩展。大学生的班级概念逐渐加强，集体荣誉感得到确立，他们的心情会随着教师对班级集体的表扬或批评而或喜或忧。在这一时期，大学生会遇到许多锻炼提高的机会，有克服困难获得成功的喜悦，也有遇到难题产生困惑、苦恼甚至失落的感觉。但多数大学生正是经过了种种磨炼而不断成长，逐步适应大学的生活，建立新的心理平衡。这一阶段是大学生活最基本最长久的阶段，直到大学毕业前夕。

（三）就业准备阶段

就业准备阶段是大学生从学习生活向职业生活过渡的阶段。此时的大学生经过几年校园生活的熏陶，已经接受了严格的专业训练，具有一定的专业知识，其自主性较强，自我意识也有很大提高，初步接触了社会。但从学校走向社会，面临即将到来的又一次环境变迁和角色变化，又有一个心理适应的过程。他们既有信心又怀疑自己的能力。因此，大学生面对毕业后的去向时，其心态是不稳定的。

大学生在此阶段必须做好走向社会的心理准备，进一步深入了解社会，把握好自己在社会中的位置，认真完成毕业设计来证明自己大学时代的专业水平。这个阶段是大学生各方面素质综合发展的阶段，同时又是进一步促进大学生心理成熟的阶段。

三、大学生心理发展的基本特征

大学生的心理功能随着生理功能的发展而不断加强，但心理的发展还不完全成熟。具体来说，大学生的心理发展主要表现在以下几个方面。

①大学生认知活动的发展，主要表现为注意力、观察力、记忆力、想象力和思维能力的发展。大学生的注意力较稳定，能较好地完成注意的分配和转移；大

学生的观察范围进一步扩大,但容易忽略细节;大学生的记忆力以逻辑记忆为主,并且已经达到高峰;大学生的想象力更加丰富,不仅表现在学习上,而且大学生对自己的未来生活、工作、事业和家庭都有较全面的考虑;大学生的思维能力得到进一步发展,其创造能力有所提高,分析问题和解决问题的能力进一步加强。

②大学生情感活动的发展,表现为情感与理智之间的关系开始趋于平衡,但还不成熟、不稳定。大学生的价值观还未完全定型,对事物的认识和态度容易发生变化,从而导致情感动摇不定。

③大学生的意志品质得到较好的发展,表现为能够主动地制定目标,自觉地完成计划,对事物能够独立地进行判断,并能坚持完成任务,但意志的控制性还没有完全发展成熟,表现为遇事比较冲动。

④大学生自我意识的发展,主要表现为自我意识逐步分化,但理想的自我和现实的自我往往分不清,容易形成矛盾而不能达到同一性。大学生自我意识的要求与能力显著增强,但自我意识尚未完全成熟,表现为自卑、自负、逆反、封闭和依赖心理严重。

⑤大学生的个性逐步形成,表现为性格不断完善和成熟,动机和需求逐渐稳定,兴趣广泛,并且随着知识和阅历的丰富,大学生的人生观、价值观和世界观也逐步确立。

目前,高校已经迎来了"00后"大学生,他们作为新一代大学生已成为社会关注的焦点,"时尚、青春"俨然已成为他们的代名词,当这一代人走进大学校园时,他们会以其特有的生活与行为方式为大学注入怎样的新鲜血液?已经到来的大学生活又会为他们带来什么呢?

从总体上来看,"00后"大学生个性张扬、乐于表现、自主独立、思想活跃、求真务实、追求时尚、目标明确、推崇民主、渴望平等,但受市场化、网络化、信息化和经济全球化的影响,他们心理发展存在的一些问题同样需要引起我们的重视。"00后"大学生也认为,"我们这一代,是优越的一代、早熟的一代、叛逆的一代,是需要更多被了解和关心的一代"。

第二章　大学生心理问题与心理咨询

随着时代的迅猛发展，越来越多的大学生已经开始意识到出现心理问题时应该正视它，积极主动地走出困境或寻求心理咨询师的帮助，而不是独自发泄、伤害自己，最终走向极端。基于此，本章分为大学生常见的心理问题、大学生心理问题的成因、大学生心理咨询的内容三部分。

第一节　大学生常见的心理问题

一、大学生面临的心理矛盾

（一）理想与现实的矛盾

青年学生最富于想象，每一个学生都有自己的理想。但有的学生只有美好理想，没有实际行动；有的学生把现实与理想错误地理解为非此即彼的关系，即不做就不做，要做就做得最好。他们不肯踏实做事，却渴望一鸣惊人，因而产生理想与现实的冲突。

（二）独立与依赖的矛盾

大学生有强烈的成人感和独立意识，但由于经济上依赖父母，缺乏独立生活的经验，还不能依靠自己的力量来解决学习、交往、生活中的一些问题，一时还难以摆脱对父母、教师甚至学校的依赖，于是就会产生独立与依赖的矛盾。

（三）轻松感与压力感的矛盾

大部分学生以为进入高校后就可以好好放松一下，不需要认真学习了。进入大学以后，他们发现事实并非如此。大学生面临新的学习任务和严峻的就业形势，其压力依然存在。

（四）自信与自卑的矛盾

大学生因具有较高的文化层次，加上社会对大学生的高度认可，他们对生活充满自信。但是，也有部分学生因高考发挥失利而错过心仪的大学，或者因个人存在某些缺点而没有及时调整自我，或者存在自我认知的偏差等，导致他们存在自卑的心理。

（五）强烈的交往需要与孤独感的矛盾

大学生比以往任何时候都渴望被理解与接纳，希望获得同龄人的认可。但由于存在防范心理，他们不敢对他人表露自己的真实思想，容易产生孤独感与寂寞感。

（六）现代文化与传统文化的矛盾

当学生不负责的恋爱行为受到来自道德舆论、父母、校规校纪的谴责和制约时，就产生了现代文化与传统文化的尖锐冲突。

二、大学生常见的心理问题

（一）学习问题

大学生的主要任务是学习，学习上的困难与挫折对大学生的影响是最为显著的。大量的事实表明，学习成绩差是引起大学生焦虑的主要原因之一。虽然大学生在学业方面是同龄人中的优秀者，但由于大学学习与中学学习存在很大不同，所以，很多大学生存在学习问题，包括学习方法、学习态度、学习兴趣、考试焦虑等。

（二）情绪问题

稳定的情绪、积极良好的情绪反应是学生成才的重要因素。大学生的内心情感丰富而强烈，具有一定的不稳定性与内隐性，表现为情绪波动大，喜怒无常，常常因一点小小的胜利而沾沾自喜，也容易因考试失败、情感受挫而一蹶不振，甚至无法控制自己的情绪。

（三）人际交往问题

随着自我意识的增强，大学生不愿意再依赖家长、教师，希望用自己的眼光去观察社会，用自己喜欢的方式结交朋友，但由于其心理的成熟度有限，适应能力不强，因此在人际交往中会出现一些异常心理，造成人际交往障碍。

1. 以自我为中心

人际交往是双方的，在交往过程中双方都要获得一定的满足，才有可能继续维持交往。如果一个人只想从交往中获得好处，而不顾及对方的意愿和利益，这种交往必定会失败。以自我为中心的交往主要表现为，强调评价标准的自我性，即我认为是什么就是什么；注重自己目的的实现，即我想获得什么利益就应获得什么利益。

2. 心理不相容

心理不相容即在人际交往中因他人与自己观点不一致，自己不能获得他人的认同而苦恼焦虑。在心理上有不相容障碍的人，总是将自我束缚在一个狭小的交往范围之内，对他人的一些个性特点往往"看不惯"，因而懒得交往。

在与人交往的过程中，具有人际交往障碍的人常常会为一些在旁人看来微不足道的小事挑起争端。更严重者，当意见相左时，容易意气用事，甚至激化矛盾，将事情引向极端。

（四）生活适应问题

这一问题在刚入大学的新生中较为常见。新生来自全国各地，以往的家庭环境、受教育环境、成长经历、学习基础等相差很大。来到大学后，在自我认知、同学交往、自然环境等方面都面临着全面的调整与适应。由于目前大学生中独生子女居多，家庭的溺爱使得他们的自理能力、适应能力和调整能力普遍较弱，所以在大学生中，生活适应问题广泛存在。

（五）自我意识偏差问题

大学生具有生理上迅速走向成熟，但心理上尚未真正完全成熟的特点，突出表现在：在自我认识方面做出过低或过高的自我评价，在自我体验方面表现出过强自尊心或过强自卑感，在自我意识方面存在"自我中心主义"、过分独立、过分依赖、不恰当从众等情况。

自我评价是主体对自己思想、愿望、行为和个性特点的判断和评价。自我评价过低的学生，在把理想的我与现实的我进行比较时，对理想的我期望较高，导致无法达到；对现实的我又不满意，且无法改进。理想的我与现实的我之间的矛盾冲突，使他们往往容易产生否定自己、拒绝悦纳自我的心理倾向。

（六）网络依赖症问题

随着网络的普及，大学生的工作方式、交流手段和生活习惯等也发生了较大的改变。目前，大学生是我国网络用户的主力，互联网正成为大学生获取信息的重要途径，互联网传递信息高效快捷，大学生可以以主体方式参与讨论，表达思想。互联网方便了学生之间的情感交流，同时它也是学生排解压力、宣泄情绪的渠道。但是事物总是有两面性的，大学生在享受网络便利的同时，也感受到了网络带来的心理困扰，主要表现为沉迷网络恋情，出现网络孤独症，在网络上做出不道德行为以及网络人格心理失真，甚至产生了互联网成瘾综合征。

（七）抗挫折能力问题

挫折是指个体在实现既定目标的过程中，遇到了来自内外部的干扰和障碍，因其需要不能满足、动机不能实现而产生的紧张心理状态和情绪反应。大学生可能会因学习的压力、不良的人际关系、两性感情的纠葛等而产生挫折感。大学生的身高、性别、年龄、容貌、生理缺陷和疾病等生理因素通常会成为挫折产生的原因。一些大学生受挫后，不能正确认识挫折，并容易产生消极的行为表现，通常表现为攻击、逃避、冷漠，产生逆反心理，甚至会轻生。

（八）恋爱与性心理问题

大学生处于青年中期，性发育成熟是重要特征，恋爱与性问题是不可回避的。总体来说，大学生接受青春期教育不够，对性发育成熟缺乏心理准备，对异性的神秘感、恐惧感和渴望交织在一起，由此产生了各种心理问题，严重的会导致心理障碍。

第二节 大学生心理问题的成因

一、个体原因

大学阶段，面对生活、学业、交往、恋爱、就业等方面的挑战或压力，多数大学生能及时调整自己，较好地适应大学生活。但也有部分大学生不能及时调整心态，导致出现不同程度的心理问题。究其原因，与个体身心素质密切相关。大学生出现心理问题的个体因素，主要有以下几方面。

（一）遗传因素与生理因素

研究发现，某些心理疾病与家族遗传有关，因此有家族遗传史的大学生就可能成为这些心理疾病的易感人群。一旦遭遇挫折打击，这类大学生可能比其他大学生更容易陷入心理困境。在生理方面，有些大学生由于对自身体型、外貌不满意，因此倍感自卑，回避社会交往。有的女生在生理期，会产生较为明显的身心不适感，容易出现情绪波动。

（二）自我意识发展不完善

部分大学生自我意识发展不完善，时常表现出自我矛盾或走极端。例如，缺乏自信心，常以己之短比人之长；或自我膨胀，看不起别人，以自我为中心等。有的大学生由于自我意识不健全，缺乏必要的自控能力，对大学生活感到迷茫，为了摆脱空虚寂寞，盲目恋爱或沉迷于网络，导致不良的后果。

（三）个体的人格缺陷

对于同样的环境和同样的挫折，不同的人有不同的反应形式，这与人的个性心理特征有关。健全统一的人格是大学生心理健康的重要标准。大学生的人格结构较复杂，影响因素也很多，在人格的形成和发展过程中，不良因素不同程度地影响着其人格的健康发展，从而导致其人格发展存在缺陷。

研究表明，大学生中有相当一部分人存在不同程度的人格发展缺陷，表现为孤僻、冷漠、猜疑、悲伤、急躁、冲动、固执、好钻牛角尖、易偏激、骄傲、虚荣、以自我为中心等。近年来，在对大学生进行心理健康教育和咨询的过程中发现，不少心理障碍都与人格缺陷有关。例如，偏执型人格障碍导致固执、猜疑，好嫉妒，难与同学相处；强迫型人格障碍具体表现为过分地自我束缚，自我怀疑，常常感到紧张、苦恼和焦虑；自恋性人格障碍的主要特点则是自负，不接受批评和建议，人际关系紧张。

（四）不良个性心理特征

大学生的不良个性心理特征包括自卑、自负、嫉妒、敏感、猜疑、依赖、孤僻、偏激、冲动等，这些会影响人际交往、生活和学习。

（五）对环境的适应能力不强

从中学到大学，大学生会面临生活环境、学习环境、人际环境等方面的较大变化。适应能力较强的大学生能较快适应这种变化，与新环境融为一体。而适应能力较差的大学生，会时常体验到强烈的挫败感，游离于环境之外，产生各种适应障碍。

（六）自我调节能力欠佳

自我调节能力较强的大学生能以积极的心态应对心理困扰，主动寻求有效的心理调节方法，在较短时间内消除心理失衡，恢复心理健康状态。相反，自我调节能力较弱的大学生往往缺乏面对现实的勇气，更容易产生种种心理问题。

（七）缺乏科学的社会认知

社会行为中短期行为、享乐主义、拜金主义和极端个人主义等非理性行为的存在使处于敏感期的大学生出现种种心理不适应，对社会的复杂性缺乏科学、全面、正确的认知，产生悲观、失望、消沉、偏激等心理问题，甚至产生攻击型和反社会型人格障碍。

二、家庭原因

家庭是个人成长的摇篮，家庭中存在的问题会影响家庭成员的心理健康。家庭中存在的问题主要有以下几种。

（一）家庭环境气氛不融洽

家庭的环境气氛，对人的成长是非常重要的。据研究表明，如果一个人从小生长在单调、贫乏的家庭环境中，其心理发展将受到阻碍，并且会抑制他们潜能的发挥。例如，有的家庭气氛过于沉闷或家长较严厉，孩子从来不敢大声说话，自由说笑，或向父母表达自己的见解，他们进入大学后，往往也难以充分地表现自己，难以有较强的自信心去参与竞争，表现得过于抑郁。

如果父母常发生争吵，甚至以武力相向，在这样一个没有爱、经常发生冲突的氛围中长大的大学生会对他人缺乏信任感，过于敏感且猜疑，难以和同学与教师建立和谐、信任的人际关系。

（二）家庭结构存在问题

随着社会的发展和人们价值观念的变化，我国单亲家庭不断增多。有些单亲家庭因父母一方缺位而使孩子不能享受到足够的亲子关爱。有的单亲子女随父母一方进入重组家庭生活，因长期承受继父母的不公正对待而影响到其健康成长。

（三）家庭教养方式不当

家庭教养方式可分为权威型、专制型、溺爱型、放任型。尽管现在一般家长都知道权威型教养方式不好，但在实际养育过程中，一些家长还是传承了父辈简单粗暴的专制手段；有的家长则对子女无限制地娇惯，还有的家长忙于工作而忽略了对子女的教育任其自由发展。这些不当的教养方式都可能导致孩子产生心理与行为问题。

另外，有的家长把自己年轻时未实现的愿望寄托到子女身上，在日常生活中，只关心子女的学习问题，不关心子女其他能力的发展，导致有的大学生走出家门来到大学校园后，因生活自理和人际沟通能力的欠缺而出现对生活、人际关系等方面的不适应问题。

（四）家庭生活事件的冲击

家庭发生矛盾、家庭成员遭遇危机、家庭发生重大变故等都可能给大学生带来负面影响。例如，有的大学生遭遇父母感情破裂、经济状况逆转等家庭变故后一蹶不振；有的大学生长时间难以接受亲人亡故的现实等。

（五）家庭经济状况的负面影响

有些家境优越的大学生过分依赖家庭，并对家庭条件不如自身者持不屑态度。他们不思进取、贪图享受、行为懒散、自视过高而出现交往障碍、学习问题等。一些家境贫困的学生除了应付繁重的学习外，还要做兼职挣生活费，身心时常处于超负荷运转状态，导致出现一些心理问题。

三、学校原因

学校对塑造个体的健全人格起着举足轻重的作用。目前，我国学校教育存在诸多不完善之处，其中一些问题会引起大学生的心理问题。

（一）大学管理体制的问题

大学管理体制比较宽松，是向往自由生活的大学生的乐园。部分大学生在宽松的管理体制下，由于自我约束力不强，在目标真空期丧失进取心而随波逐流；极少数大学生逆反心理较强，对大学管理体制反感，想获得更多的自由。另外，有个别高校管理者态度粗暴，在大学生心目中留下了不良印象。

（二）大学中教与学的错位

大学中的自主学习需要大学生具备良好的自觉意识和自主能力，这就使得那些在中学时代习惯被动学习的大学生难以适应这种学习方式。有的大学生由于接受学校专业调剂，对所学专业不感兴趣；有的大学生的高考志愿是他人推荐填报的，学习时才发现自己并不喜欢；还有的大学生在当地学习成绩优异，上大学后却跟不上教师的教学进度，学习时感觉很吃力。这些都会引起学生的心理健康问题。

（三）大学校园环境欠佳

大学校园环境对大学生的生活有着重要影响。由于扩招，有些大学宿舍较为拥挤，大学生居住在狭小的空间里更易引发人际冲突；部分高校进行校区建设，造成噪声和环境污染，也存在一定的安全隐患；校园附近的出租房、网吧、娱乐场所等成为部分大学生问题行为的滋生地。

四、社会原因

个人的成长离不开社会大环境。当前我国社会存在的某些不良现象，造成了一系列的社会问题，对大学生的心理健康也有着直接或间接的影响。

（一）社会竞争加剧

随着社会竞争日渐激烈，大学生面临的竞争与压力明显增加，在生活中体验到的不适应感增多，有时会产生不安全感和无能感。知识的频繁更新、严峻的就业形势、感情去向的不明等，会使部分大学生产生心理问题。

（二）社会不公平现象

我国少数人以权谋私、权钱交易等问题在社会上产生恶劣的影响，使有的大学生对公平竞争失去希望，对未来丧失斗志。

（三）价值观念多元化的影响

当今社会在快速发展的同时，个人主义、实用主义、功利主义、享乐主义等对一些大学生的心理与行为产生了不同程度的消极影响。

（四）不健康文化产品的蔓延

健康的文化能够熏陶人。然而近年来，为了牟取暴利，一些文艺与影视作品呈现庸俗化、低级化倾向，暴力、色情充斥于网络，有的大学生迷失了自我，从而引发心理及行为问题。

第三节 大学生心理咨询的内容

一、心理咨询的含义和对象

（一）心理咨询的含义

心理咨询这一概念有广义和狭义之分，广义概念涵盖了临床干预的各种方法或手段；狭义概念主要是指非标准化的临床干预措施。也就是说，广义的"心理咨询"包括了"狭义的心理咨询"和"心理治疗"两类临床技术手段。

心理咨询是采用心理学的理论与方法，帮助来访者减轻或消除烦恼、改善生活状态、解决遇到的危机、提高解决问题的能力和进行决策的能力的活动。心理咨询可以使咨询对象在情感和态度上有所变化，解决其在学习、工作、生活、疾病和康复等方面出现的心理问题或障碍，促使咨询对象做出自我调整，从而能够更好地适应环境，保持身心健康。为了达到交互的及时性、真实性，常常要求来访者和咨询师相互交谈。咨询师是来访者的朋友和心里话的倾听者，而来访者是一个访问者。可能的话，咨询师要帮助来访者进行情景构造。

（二）心理咨询的对象

心理咨询的主要对象并不是"病态人群"，心理咨询的主要对象可分为三大类：一是精神正常，但遇到了与心理有关的现实问题并请求帮助的人群；二是精神正常，但心理健康出现问题并请求帮助的人群；三是特殊对象，即临床治愈的精神疾病患者。

其中，心理咨询最一般、最主要的对象是健康人群，或者是存在心理问题的亚健康人群，而不是人们常误会的"病态人群"。病态人群如精神分裂症、躁狂症等患者是精神科医生的工作对象。

二、心理咨询的问题与原则

（一）心理咨询中的常见问题

1. 神化

心理咨询师≠救世主。一些来访者把心理咨询师当作"救世主"，将自己的所有心理包袱丢给咨询师，以为咨询师应该有能耐把它们一一解开，而自己无须思考、无须努力、无须承担责任。然而，心理咨询师与心理医生只能起到分析、引导、启发、支持、促进来访者改变和促进来访者人格成长的作用，他们无权把自己的价值观和意志强加给来访者，更不能替来访者改变或做决定。真正的"救世主"只有一个，那就是来访者自己。只有改变自己、战胜自己，才能超越自我，达到理想的目标。

2. 思想工作化

心理咨询≠思想工作。心理咨询作为哲学和医学中的一门学科，有着坚实的理论基础和严谨的咨询程式，它与思想工作是有本质区别的。思想工作的目的是说服对方服从和遵循社会规范、道德标准及集体意志，而心理咨询则是运用专门的理论和技巧寻找心理障碍的症结，予以诊断治疗。咨询师要持客观、中立的态度，而不是对来访者进行批评教育。另外，某些心理障碍同时具有神经生化改变的基础，需要结合药物治疗，这更是思想工作所不能取代的。

3. 精神病化

心理问题≠精神病。心理咨询在我国是一门起步较晚的新兴学科，人们对它有一种神秘感。来访者通常左顾右盼、鼓足了勇气才走进咨询室，在咨询师反复保证下才肯倾吐愁苦；或者绕了很大圈子，才把真实的情绪暴露出来。此外，在中国人的传统观念中，表露出情感上的痛苦是软弱无能的表现，对男性来说更是如此。以上种种原因使得很多人宁愿饱受精神上的痛苦折磨，也不愿或不敢前来就诊。

其实，心理问题与精神病是两个不同的概念。每个人在成长的不同阶段及生活、工作的不同方面，都有可能遇到这样或那样的问题，导致消极情绪的产生。对这些问题若能采取适当的方法予以解释，问题就能顺利地解决；若不能及时加以正确处理，则会产生持续的不良影响，甚至导致心理障碍。这样看来，心理问题是日常生活中经常会遇到的，就这些问题求助于心理咨询师并不意味着有什么不正常的隐私；相反，这表明了个体具有较高的生活目标，希望通过心理咨询更好地完善自我，而不是回避问题，混沌地虚度一生。

4. 特异功能化

心理学≠窥视内心。许多来访者不愿或羞于吐露自己的心理问题，认为只要简单说几句，咨询师就应该猜出他心中的想法，要不就表明咨询师的水平不高。其实心理咨询师没有特异功能来窥见他人的内心世界，他们只是应用心理学的理论和方法，对来访者提供的讯息进行讨论和分析。因此，来访者只有详尽地提供有关情况，才能帮助咨询双方共同找到问题的症结，有利于咨询师做出正确的判断并采取恰当的措施。

5. 速战速决化

心理咨询≠无所不能。一些来访者将心理咨询师视为"开锁匠"，期盼其能打开所有的心结，所以常常求诊一两次，没有达到所希望的"豁然开朗"的心境就大失所望。实际上，心理咨询是一个连续的、艰难的改变过程，心理问题与来访者的个性及生活经历有关，就像一座堆积已久的冰山，没有强烈的求助、改变的动机，没有恒久的决心与之抗衡，是难以冰消雪融的。所以来访者需做好打"持久战"的心理准备。

（二）心理咨询的原则

1. 自愿原则

心理咨询是建立在咨询师和来访者双方"知情同意"基础上的一种心理援助活动。来访者寻求心理咨询应该完全出于自愿，这不仅是对当事人的尊重，还是心理咨询有效的必要条件。迫于父母、教师、上司、同学、朋友的催促和压力而前来要求心理咨询与治疗者不乏其人，但咨询师往往要为他们付出比一般来访者更多的精力。

2. 转介原则

转介原则是指心理咨询师在心理咨询过程中，发现自己能力有限或某些外来因素阻碍咨询师对来访者的帮助时，咨询师应在征求来访者意见的基础上，主动将来访者介绍给其他适宜的心理咨询师或心理治疗机构。事实上，由于每位心理咨询师的文化水平、价值观念、个性特征都不同，接受心理咨询训练程度和擅长的心理咨询内容也不同，在实际咨询过程中，一旦遇到来访者要求咨询的内容与咨询师的知识技能不匹配，来访者的价值观与咨询师有明显分歧，来访者的个性与咨询师不协调，或来访者与咨询师有某种私人关系等情况，咨询师最好的做法是把来访者介绍给自己认为能够成功胜任这一工作的心理咨询师或心理治疗机构，以便对其进行进一步的帮助或治疗。

3. 保密性原则

保密性原则是心理咨询中最重要的原则。这一原则是指心理咨询师有责任对来访者的谈话内容予以保密，来访者的名誉权和隐私权应受到道义上的维护和法律上的保护，在没有征得来访者同意的前提下，不得将在咨询场合下来访者的言行随意泄露给任何人或机关。在公开案例研究或发表有关文章必须使用特定来访者的个人资料时，必须充分保护来访者的利益和隐私，并使其不至于被他人对号入座。

保密是心理咨询中一个最为敏感的问题，因为大部分寻求咨询辅导的心理问题都涉及个人隐私，所以，一般来说，必要的保密可以消除来访者的心理顾虑和保护来访者的权益不被侵犯。同时，保密也是心理咨询师专业操守的体现，反映了咨询师对来访者的尊重和必要的投入。

4. 灵活性原则

要求咨询师在不违背其他咨询原则的基础上，因人因地因事而异，灵活地应用各种咨询理论、方法。这需要咨询师有扎实的理论基础、广博的知识、洞察的能力、丰富的经验以及灵敏的反应。

5. 发展性原则

发展性原则是指在心理咨询过程中，咨询师要以发展变化的观点来看待来访者的问题，不仅要在问题的分析和本质的把握上善于用发展的眼光做动态考察，还要在问题的解决和咨询结果的预测上具有发展的观点。不要轻易将来访者的问题归为某种心理障碍或某种疾病，要知道寻求心理帮助者绝大多数只是在对环境的适应、情绪、交往、学习等方面存在暂时性困难，应当相信他们能在咨询师的帮助下发挥出自己的心智潜能，并能最终战胜自己。

6. 开发潜力原则

咨询师是否相信人都是有发展潜力的，这涉及其对人的一种基本看法，而对人的基本看法将会影响对人的基本态度。这种基本看法、基本态度会影响咨询的目标、途径、方式、效果评价等，因而对咨询师而言至关重要。以开发潜力为目的，咨询师会更多地调动来访者自身的积极性、创造性，会更多地把视野投注于人的发展，会更多地对人抱有乐观的态度。

7. 咨访结合原则

咨询过程中，咨询师和来访者双方都应处于主动地位，积极参与。缺少了任何一方的积极性，咨询的效果都会受到影响，甚至无效。

三、心理咨询的类型

（一）按照咨询的途径分类

1. 门诊咨询

门诊咨询是指当事人在专门的心理咨询机构或医院的心理咨询门诊进行的咨询。心理咨询师与当事人采取面对面的方式交谈，详细了解、分析当事人的心理问题，帮助他们摆脱有碍身心健康的不利因素，提高他们解决问题、适应环境的能力。对心理障碍者，心理咨询师则分析其病因和症状，制订完整的治疗计划。心理咨询师通过门诊咨询掌握的情况较全面，能够更深入地为当事人提供有效的帮助。门诊咨询是一种首选的心理咨询方法。

2. 电话咨询

电话咨询是心理咨询师利用电话通话的方式对当事人给予劝告、安慰、鼓励或指导。电话咨询方便、快捷，隐蔽性、保密性强，深受当事人的喜爱。它是心理咨询的一种重要形式。这种形式在国外经常用于心理危机的干预，故心理咨询热线被称为"希望线""生命线"。

3. 信函咨询

信函咨询是指当事人以通信的方式进行心理咨询。当事人来信提出自己要求咨询的问题，心理咨询师或者心理医生给予回信答复。其优点是不受居住条件的限制，对于那些不善于口头表达或较为拘谨的当事人来说是一种较易接受的方法。但咨询效果会受当事人的书面表达能力、理解力和个性特点的影响。

4. 专栏咨询

专栏咨询是指在报纸、期刊、电台、电视台和网络上开辟心理咨询专栏，对读者、听众、观众提出的典型心理问题进行公开解答。专栏咨询的优点是受益面广，具有治疗与预防并重的功能，但是存在模糊、粗浅、泛泛而论的缺陷。

5. 现场咨询

现场咨询是指心理咨询机构的专职人员深入基层或当事人家中，为广大当事人提供多方面服务的一种咨询形式。

6. 网络咨询

网络具有极强的保密性、及时性，为心理咨询提供了无限发展的空间。通过网络，当事人能够真正毫无顾忌地倾诉自己的隐私，吐露自己的问题，从而使心理咨询师或者心理医生能够在尽可能短的时间内掌握当事人的基本情况，做出适时的分析与判断，并且可以通过实时交谈不断矫正其分析与判断，做出切合实际的引导及处理。随着网络技术的不断提高和互联网的迅速普及，网络咨询将具有十分广阔的前景。网上咨询服务的类型一般有邮件咨询，QQ、微信或其他聊天工具的在线咨询，以及网上咨询室的语音、视频即时咨询。

（二）按照咨询的对象分类

1. 直接咨询

由心理医生对当事人直接进行咨询，可采取门诊咨询、书信咨询、电话咨询和现场咨询等形式。心理医生和当事人的直接交往和相互作用，使得心理咨询的效果得到保证。

2. 间接咨询

由心理医生对当事人的亲属或其他人员所反映的当事人的心理问题进行咨询。由于在咨询师和当事人之间增加了一个中转媒介，如何处理好心理咨询师与中转人的关系，使心理咨询的意见为中转人所领悟、接受并合理实施，是影响心理咨询效果的一个重要问题。

（三）按照咨询对象的数量分类

1. 个别咨询

个别咨询是咨询师对来访者进行的一对一的咨询。

2. 团体咨询

团体咨询是针对团体的特点进行集体咨询。团体咨询是学校心理咨询中应用最广的一种咨询形式。因为学生中的问题大多比较集中（如人际关系问题、恋爱问题等），且学生年龄相仿，非常适宜采用团体咨询。

（四）按照咨询的主要内容分类

1. 适应咨询

适应咨询的对象身心基本健康，但学习、工作和生活中有各种烦恼，心理矛盾时有发生，咨询的目的是排解心理问题、减轻心理压力、提高适应能力。例如，因学习成绩不如意而忧虑；因陷入失恋痛苦而难以自拔；因人际关系不协调而苦恼；因远离父母、缺乏生活自理能力而焦虑；因环境改变导致自我认知失调等。

2. 发展咨询

在人生的发展历程中,人人都会因为成长而不断遭遇各种冲突和困扰。发展咨询的对象属于比较健康、无明显心理冲突、基本适应环境的人。咨询的目的是更好地认识自己,扬长避短,开发潜能,提高学习、工作和生活的质量,追求更完善的发展。

3. 职业咨询

在职业高度分化的现代社会中,由职业选择和工作适应等造成的个人问题正在日益增加,职业咨询因而逐渐发展成一项专业服务。早期的职业咨询,一方面,帮助一些企业挑选符合他们需要的专门职业人员;另一方面,帮助个人进行职业决策,向他们推荐适合他们的工作。现代职业咨询包含了许多内容,例如,在人事管理方面,通过提供适当的评价、测试方法和各种论证思想,为管理者挑选适当的工作人员。目前,国家机关的许多人事聘用都加入了这项内容。

4. 障碍咨询

障碍咨询的对象属于有心理障碍,患有某种心理疾病,为此苦不堪言,影响了学习、工作和生活的人。咨询的目的是通过系统的心理治疗,帮助患者克服障碍,缓解症状,恢复心理平衡。

四、心理咨询和心理治疗的关系

从心理咨询与心理治疗的定义来看,二者有许多相似之处。在我国,许多心理咨询门诊实际上也在进行心理治疗的工作,心理咨询似乎与心理治疗同义。

在国外,虽然心理咨询与心理治疗有着不同的名称,帮助者与求助者也有着不同的称谓,但人们对心理咨询与心理治疗之间有无不同,仍是有争议的。一些人不赞成对二者进行区分,觉得那样做没有必要。他们把心理咨询与心理治疗当作同义词看待。而另一些人则认为,二者是有区别的,但又在二者之间究竟有何不同上存在不同意见。在这方面,美国学者哈恩于1953年说的一段话经常被引用。哈恩写道:"就我所知,极少有咨询者和心理治疗家对已有的在咨询与心理治疗之间的明确的区分感到满意……意见最一致的几点可能是,①心理咨询与心理治疗是不能完全区分开的;②咨询者的实践在心理治疗家看来是心理治疗;③心理治疗家的实践又被咨询者看作咨询;④尽管如此,心理咨询和心理治疗还是不同的。"

哈恩的这段话非常有意思,让人感到这里似乎存在着一个怪圈,使得心理咨询与心理治疗这两者处于可区分与不可区分之间。说它们不可区分的原因在于,心理咨询与心理治疗的确有许多重要之处相互重叠，令人感到难解难分。一般来说，二者的相似之处有以下几点。

①二者所采用的理论方法常常是一致的。例如，心理咨询学家对来访者采用的来访中心治疗的理论与方法或合理情绪治疗法的理论与技术，和心理治疗家采用的同种理论与技术别无二致。

②二者进行工作的对象是相似的。例如，心理咨询者与心理治疗家可能都会面对来访者的婚姻问题。

③在强调帮助来访者成长和改变方面，二者是相似的。心理咨询与心理治疗都希望通过帮助者与求助者之间的互动，达到使求助者改变和成长的目的。

④二者都注重建立帮助者与求助者之间良好的人际关系，认为这是帮助求助者改变和成长的必要条件。

尽管心理咨询与心理治疗有上述相似之处，尽管一些心理咨询者做了一些心理治疗的工作，一些心理治疗家也在做心理咨询工作，但在心理咨询与心理治疗之间还是能够找到一些不同点的。结合一些文献中的看法，心理咨询与心理治疗的主要区别有如下几点。

①心理咨询的工作对象主要是正常人，以及正在恢复或已复原的患者；心理治疗则主要是针对有心理障碍的人进行工作的。

②心理咨询所着重处理的是正常人所遇到的各种问题，主要包括日常生活中人际关系的问题、职业选择方面的问题、教育过程中的问题、婚姻家庭中的问题等；心理治疗的适用范围则主要为某些患有神经症、心理变态、心理障碍、行为障碍、心身疾病的人以及康复中的精神病患者等。

③心理咨询用时较短，一般咨询次数为一次至几次；而心理治疗费时较长，治疗由几次到几十次不等，甚至次数更多，经长年累月才可完成。

④心理咨询在意识层次进行，更重视其教育性、支持性、指导性工作，焦点在于找出已经存在的因素及来访者自身的内在因素，并使之得到发展；或在对现存条件进行分析的基础上提供改进意见。心理治疗的某些学派，主要对无意识领域进行工作，重点在于重建病人的人格。

⑤心理咨询工作是更为直接地针对某些有限的具体的目标而进行的；心理治疗的目的则比较模糊，其目的是使人产生改变和进步。

除上述几点不同之处，一些学者还列举了心理咨询与心理治疗之间其他较为明显的区别。例如，心理咨询学家与心理治疗家所接受的专业训练不尽相同。在国外，大部分心理咨询学家所接受的专业培训时间较短。与从事心理治疗的治疗者相比，他们在研究方法方面、对人格理论掌握的情况方面、接受有专家指导的正式的临床学习方面都明显逊色。此外，心理咨询多数是在非医疗的情景中开展的，如在学校或社区中进行，运用多种方式介入来访者的生活环境；而心理治疗多在医疗的情景中或在治疗者的私人诊所中进行。

另外，一个显而易见的区别是，心理咨询学家和心理治疗家在美国心理学会中分属不同的组织，他们各自有自己的活动。此外，在回顾心理咨询与心理治疗的历史渊源时，我们也会发现二者有着明显的不同之处。

心理咨询学家认为心理咨询学有四个主要起源：一是与源于20世纪初的职业指导运动的兴起有关；二是与21世纪初由美国大学生比尔斯发起的心理卫生运动有关；三是源于心理测试运动和心理学中对个体差异的研究；四是与以美国心理学家卡尔·兰塞姆·罗杰斯为代表的非医学的、非心理分析的咨询与心理治疗的崛起有关。

心理治疗的起源与心理咨询学的起源并不完全相似。其可追溯到19世纪末奥地利心理学家西格蒙德·弗洛伊德创始心理分析的努力，甚至可以溯源至19世纪中叶的催眠术的施行。罗杰斯于1942年发表的《咨询与心理治疗》一书，第一次使非医学的和非心理分析的心理治疗成为现实。在此之前，由于受到弗洛伊德及其学说的强大影响，心理治疗是只有医生才能从事的职业。心理分析在这一领域中独占鳌头。罗杰斯的工作不仅打破了心理治疗领域中一枝独秀的局面，还第一次将心理治疗与心理咨询联系在一起。当时，心理咨询学在心理测试运动的影响下，其主要的工作集中在进行测量与诊断方面。而在罗杰斯的影响之下，似乎仅在一夜之间，心理咨询和心理治疗就成了心理咨询学的主要聚焦点。

由上述对心理咨询与心理治疗异同点的分析不难看出，这两个专业领域的确是既有区别又有联系的。陈仲庚教授曾指出，虽然存在着某些差异，但"心理治疗与心理咨询没有本质区别"。目前，无论是在国内还是在国外，心理咨询与心理治疗还常常是不加区分的。某些学者把二者并列使用，另一些学者更多地采用了心理治疗一词，心理治疗的含义不仅包括心理治疗，还包括心理咨询。

第三章 大学生自我意识发展与心理健康

自我意识影响着人的道德判断和个性的形成，对个体发展中思想观念的形成有很大的作用。加强大学生的自我意识教育，有助于引导大学生在自我认识中形成正确的人生观，在自我体验中建立良好的自信心，在自我调节中保持高度的自制力，从而提高思想政治教育效果。本章分为自我意识概述、大学生自我意识的发展、大学生健康自我意识的培养三部分。

第一节 自我意识概述

一、自我意识的概念

自我意识是人格结构中最核心的部分。根据诸多学者的研究成果可总结出，自我意识就是指个体对自己的身心状况，以及对自己与他人的关系、对自己周围世界关系的清醒认识。

从一定意义上来说，自我意识是一个具有多维度、多层次的复杂心理系统。因此，探讨自我意识的具体含义可从以下几个角度进行。

（一）内容角度

从内容角度来看，可将自我意识划分为三个层次，即生理、心理和社会三方面的自我意识。生理自我意识是指个体对自身的容貌、体型等方面的意识，它是指个体对自身生理属性的意识；心理自我意识是指个体对自身心理属性的认识，如个体对自身心理状态、心理过程、人格特征、行为表现等方面的意识；社会自我意识是指个体对自身社会属性的意识，如人体对自身社会地位、社会角色以及权利与义务等方面的意识。

（二）自我观念角度

从自我观念角度来看，对自我意识的理解可以从现实自我、投射自我以及理想自我三个方面来进行。现实自我是指以自己的立场为出发点，个体对现实自我形成一种看法。投射自我是指个体对从他人眼中折射出来的自我的想象，如个体会经常通过想象自己在他人心目中的形象，想象他人对自己可能有的评价。实际上，现实自我与投射自我两者之间存在着一定的距离。如果距离较大，个体就会感受到自己不被别人了解和理解。理想自我是指以自身的立场为出发点，个体对将来的自我所产生的一种期望。它是一个人想要的完善形象，是一个人行为的重要动力与参考。因此，它与现实自我也是有区别的。

二、自我意识的结构

由于自我意识既是心理活动的主体，又是心理活动的课题，它是涉及认知、情感、意志过程的多层次、多维度的心理现象，因此，从知、情、意三方面进行区分，自我意识是由自我认知、自我体验和自我调节三个部分构成的。

（一）自我认知

自我认知是自我意识的认知成分，是指主观的我对客观的我的认知和评价。它既是自我意识的首要成分，也是自我调节控制的心理基础，它还包括自我感觉、自我概念、自我观察、自我分析和自我评价。其中，自我评价是对自己能力、品德、行为等方面社会价值的评估，它最能代表一个人自我认识的水平。

自我认知主要解决我是一个什么样的人的问题。比如，有人观察自己的体形，认为自己属于清瘦型；分析自己的品性，认为自己是个诚实的人；用批评的眼光审视自我时，觉得自己脾气急躁，容易冲动。

如果一个人在社会生活中，把自己看作低人一等，没有价值，那么他就会产生自卑感，做事缺乏胜任的信心，没有主动性和积极性，其结果是无论做什么事都难以保证质量。相反，如果一个人只看到自己的长处，那么他就会产生盲目乐观的情绪，自我欣赏，自以为是，其结果是不能处理好人际关系，难以与人合作，或被他人拒绝，被群体孤立。可见，客观地认知和评价自我，对个人的健康发展有着不可忽视的影响。

（二）自我体验

自我体验是自我意识在情感方面的表现，主要涉及"我是否接受自己""我是否满意自己""我是否悦纳自己"等。自尊心、自信心是自我体验的具体内容。自尊心是指个体在社会比较过程中所获得的有关自我价值的积极的评价与体验。自信心是对自己的能力是否适合所承担的任务而产生的自我体验。自尊心与自信心都是和自我评价紧密联系在一起的。

(三) 自我调节

自我调节是自我意识的意志成分。自我调节主要表现为个人对自己的行为、活动和态度的调控，以实现自我期望的目标。它涉及"我怎样节制自己""我如何改变自己""我如何成为理想的那种人"，包括自我检查、自我监督、自我控制等。自我检查是主体在头脑中将自己的活动结果与活动目的加以比较、对照的过程。自我监督是一个人以其良心或内在的行为准则对自己的言行实行监督的过程。自我控制是主体对自身心理与行为的主动的掌握。自我调节是自我意识中直接作用于个体行为的环节，是一个人自我教育、自我发展的重要机制，自我调节的实现是自我意识的能动性的表现。

自我认知、自我体验和自我调节互相联系、有机组合、完整统一，成为一个人个性中的核心内容。

生理自我、心理自我与社会自我包含着不同的自我认知、自我体验与自我调节，但比例和搭配的不同构成了个体自我意识之间的差异，也使得每个人都有自己的对人、对己、对社会的独特的看法和体验。

三、自我意识的内容

自我意识的内容包括以下几个方面。

（一）生理的自我、社会的自我和心理的自我

生理的自我又称为物质的自我，它是一个人对自己身躯的认识，包括占有感、支配感和爱护感。美国心理学家高尔顿·乌伊拉德·奥尔波特等认为，婴儿出生以后，最初他们不能区分属于自己与不属于自己的东西。将自己的手、脚和周围的玩具，都视为同样性质的东西加以摆弄，3个月的婴儿能对人发出微笑，这表示婴儿对外界的刺激产生了反应。8个月的婴儿开始关心自己在镜子里的形象，但10个月的时候依然不知道镜子里的形象就是自己。

一般认为，婴儿要到2岁零2个月以后，才会认识自己在镜子里的自我形象，大约与此同时，开始学会使用"你"这个人称代词。心理学家大多认为儿童要到3岁的时候，其自我意识中的生理自我才能形成，同时也开始更多地使用人称代词"我"字。这时候儿童所表现出来的行为，大多是以自我为中心的，所以有些心理学家称这一时期为"自我中心期"。

社会的自我时期又称为个体客观化时期。这个阶段大约是从3岁到青春期之前，即十三四岁的时候，这段时期是个体接受社会影响的重要时期，也是个体实

现社会自我的最关键的阶段。这期间儿童的游戏，往往是成人社会生活的缩影，儿童在游戏中扮演某种社会角色，游戏也是他们学习角色行为的一种方式，在游戏中儿童揣摩着角色的心理状态，体验着角色间的相互关系。特别是儿童通过学校中的社会化生活，加速了他们社会自我的形成过程。

心理的自我又称精神的自我，这个阶段主要是从青春期到成年，大约10年的时间。这期间，个体无论在生理上还是在心理上，都发生了一系列急剧的变化，即骨骼的增长、性器官的成熟、想象力的丰富、逻辑思维能力的日益完善。这些变化意味着个体自我意识的发展进一步趋向主观性。个体开始独立认识多彩世界，个人的价值体系也逐渐形成，开始追求自我理想，其抽象思维得到发展，逐渐形成自我理想和自我价值，同时个体的自我意识也确立了。

（二）本我、自我和超我

本我是一个原始的、与生俱来的和非组织性的结构，它是人出生时人格的唯一成分，也是建立人格的基础。本我是无意识的，是人格中模糊的部分，我们对它几乎什么都不知道。不过，只要当一个人有冲动的行为时，我们就可以看到本我在起作用。

本我是非道德的，是本能和欲望的体现，它为人的整个心理活动提供能量，强烈地要求得到发泄的机会。本我遵循着"唯乐原则"，即追求快乐、逃避痛苦。弗洛伊德说："我们整个心理活动似乎都在下决心去追求快乐而避免痛苦，而且自动地受唯乐原则的调节。"

自我是意识结构部分，是个体通过后天的学习和对环境的接触发展起来的。弗洛伊德认为无意识结构部分的本我，不能直接地接触现实世界，为了促进个体与现实世界的交互作用，必须通过自我。个体随着年龄的增长，逐渐学会了不能凭冲动随心所欲，他们逐步考虑后果，考虑现实的作用，这就是自我，自我是遵循"现实原则"的。

因此，它既是从本我中发展出来，又是本我与外部世界的中介。弗洛伊德在《自我与本我》一书中把自我与本我的关系比作骑士和马的关系，马提供能量，而骑士则指导马朝着他想去游历的路途前进。这就是说，自我不能脱离本我而独立存在，然而由于自我联系现实，知觉操纵现实，于是能参考现实来调节本我。这样，自我按照现实原则进行操作，现实地解除个体的紧张状态以满足其欲望。因此，自我并不妨碍本我，而是帮助本我最终合理获得快乐和满足。

超我，简言之，就是道德化了的自我。它是从儿童早期体验的奖赏和惩罚的内化模式中产生的，即根据父母的价值观，儿童的某些行为因受到奖赏而得到促进，而另一些行为却因被惩罚而受到阻止。这些奖赏和惩罚的经验逐渐被儿童内化，当自我控制取代了环境和父母的控制时，就可以说超我已得到了充分的发展。充分发展的超我有"良心"和"自我理想"两部分。良心是儿童受惩罚而内化了的经验，它负责对违反道德的行为进行惩罚（内疚）；自我理想是儿童获得奖赏而内化了的经验，它规定着道德的标准。超我的主要功能是控制个体的行为，使其符合社会规范的要求。

本我、自我和超我之间相互补充，相互对立。本我和超我之间是一对矛盾，经常处于不可调和的状态。自我则力图调节本我和超我的冲突。弗洛伊德把自我比作三个暴君统治下的臣民，他们必须尽力满足本我贪婪的欲求，应付残酷的外部事件，还要被严厉的超我监视。一个健康的人身上，强大的自我在这三方力量之间进行周旋、调节，以达到一个平衡的状态。

四、自我意识的功能

良好的自我意识具有两种功能：一是驱动和激励功能，能使人自尊、自信、自强，奋斗不息，追求卓越；二是调节控制功能，能使人自察、自省、自律、自爱，不断修正、升华自己，使自己逐渐趋于完善。自我对自己的评价认知应合乎客观感受和体验，才有利于个人更好地自我完善和发展，不良的自我评价和体验必然带来负面的作用。

按照自我意识的功能区分，可以把自我意识的功能从两个维度予以说明。

（一）驱动和激励功能

良好的自我意识的驱动和激励功能可以从自我认知、自我评价、自我体验三方面予以说明。

1. 良好的自我意识可以形成合理的自我认知

如果个体对自身的评价与社会上其他人对自己的评价过于悬殊，就会使个体与周围人们之间的关系失去平衡，产生矛盾，将不利于个人心理上的健康成长。良好的自我意识能够对大学生进行自我认识训练，主要在三个方面：第一，让大学生认识到自己的身体特征和生理状况；第二，让大学生认识到自己在集体和社会中的地位及作用；第三，让大学生认识到内心的心理活动及其特征。

2. 良好的自我意识可以建立客观的自我评价

自我评价是自我意识发展的主要成分和主要标志，是在认识自己的行为和活动的基础上产生的,是通过社会比较而实现的。大学生的自我评价能力不高,往往不是过高就是过低,大多属于过高型。因此,要提高大学生的自我评价能力,就要通过比较做出评价,借助别人的评价来评价自己,学会用一分为二的观点评价自己。

3. 良好的自我意识可以形成积极的自我体验

自我体验是主体对自身的认识而引发的内心情感体验,是主观的我对客观的我所持有的一种态度,如自信、自卑、自尊、自满、内疚、羞耻等。自我体验往往既与自我认知、自我评价有关,也和自己对社会的规范、价值标准的认识有关。良好的自我体验有助于自我监控的发展。对大学生进行自我体验训练,就是让大学生形成自尊感、自信感和自豪感,不自卑,不自傲,不自满,随着年龄增长,让大学生懂得做错事时要感到内疚,做坏事时要感到羞耻。

(二)调节控制功能

自我意识的调节作用表现为启动或制止行为,转移心理活动,加速或减速心理过程,加强或减弱积极性,协调动机,根据所拟订的计划监督检查行动,保持动作的协调一致等。

自我监控主要是启动和制止行为,也就是支配某一行为,抑制与该行为无关或有碍于该行为进行的行为。进行自我认知、自我体验训练的目的是进行自我监控,调节自己的行为,使行为符合群体规范,符合社会道德要求,通过自我监控调节自己的认识活动,提高学习效率。例如,在学习活动中,大学生常常在外界压力和要求下被动地从事学习活动,只有教师要求做完作业后检查,大学生才会进行检查。针对这种现象,大学生应学会如何借助外部压力,发展自我监控能力,利用自我意识来主动启动学习功能。

后面几类关于转移心理活动、加速或减速心理过程、加强或减弱积极性、协调动机、根据所拟定的计划监督检查行动、保持动作的协调一致等,皆属于自我意识在活动进行过程中对细节的控制。例如,良好的自我意识可以督促大学生在学习过程中保持积极的动机,提高学习效率,确定学习计划等。

五、大学生自我意识的作用

人类意识的最本质的特征、人和动物在心理上的分界线是自我意识。每个人的自我意识成了每个人人格的核心。心理健康最重要的一个标准是对自我的接受和认可,有正确的自我认识和健康的自我形象。因此,自我意识的发展程度直接衡量一个人的心理成熟程度和心理水平。

（一）促进社会适应，协调人际关系

大量的心理学实践证明，许多人社会适应不良及人际关系不协调是由自我意识不健全或不正确造成的。如果一个人对生理的自我、心理的自我和社会的自我认识体验不正确，尤其是在自我评价及自我概念上与客观的现实差距太大时，就会造成社会适应不良和人际关系不协调，从而影响人的心理健康。正确的自我意识通过正确的自我评价产生合理的自我，并且通过正确认识自己与他人、个体与群体双方不同的地位和需要，采取不同的策略，主动调节人际关系，能够做到知己知彼，从而保持良好的社会适应性和人际关系，维护心理健康。

（二）促进自我实现，激发心理潜能

健全的自我意识通过合理的自我认识、良好的自我体验、自觉的自我调节和控制，从而促进自我实现，最大限度地挖掘自身的心理潜能。如果一个人拥有积极的自我意识，那么就意味着他不但能积极评价和接纳自我，而且在适应社会的过程中，当面对困难和挫折时能以积极的态度去面对，因而战胜困难和挫折的可能性就越大，成功机会就越多。

（三）有助于自我教育和自我完善

当现实的自我和理想的自我不能统一，或在理想的自我实现过程中受到挫折时，有健全自我意识的人能够自省，自觉地寻找其原因。一方面通过自我调节控制，纠正心理偏差，努力缩小理想的自我与现实的自我的差距；另一方面重新调整认识，形成新的"理想的自我"的内容，使自己的心理行为个体化与社会化协调平衡，完善发展。

六、自我意识与心理健康的关系

（一）自我意识影响个体对未来的期待

个体在自我意识的基础上形成对自己的期望，并且在自我意识的基础上选择今后的行为。心理学研究表明，自我意识影响人们自我期待的水平，自我期待的水平在一定程度上又会影响自我学习的最终结果。心理学上将这种作用称为自验预言，即由一定的自我意识引发的期望，使人们倾向于运用可以使这种期望得以实现的行为方式的心理现象。

（二）自我意识影响个体对经验的解释

即使是面对相同的经验，不同的人可能也会有不同的解释。选取何种解释方式则取决于一个人的自我意识。如果一个人认识到自己的能力水平一般，那么在他取得了较大的成功之后，他就会表现得十分高兴和满足；而如果一个人认识到自己有较高的能力水平，那么在他取得了与之前那个能力水平一般的人相同的成绩后，他就会觉得自己的水平并没有发挥出来，此时他的内心就会感到沮丧。事实证明，当个人的既有自我意识呈消极状态时，每一种经验都会与消极的自我评价联系在一起；而如果自我概念是积极的，每一种经验都可能被赋予积极的含义。

（三）良好的自我意识会促进意志的发展

一个人要想取得成功，光有目标是不行的，还必须要对自己的行为进行调节和控制，而这种调节和控制则离不开自我意识。自我意识是实现个人监督的重要力量，是实现自我调节的重要前提。

自我意识健全的人，在对自我做出正确认识、合理规划的基础上，能够对自己的注意力、情感、行为等加以控制，以实现自己的目标。反之，则碌碌无为，平庸一生。一个人如果能够对自己进行调节和控制，那么他就能很快地适应环境，规范自己的情绪和行为，最终实现自己的目标。

（四）良好的自我意识会提高个体的认识能力

由于受到多方面条件的制约，人们在实现"理想的自我"的时候总是会遇到这样或者那样的困难，致使个体产生不同程度的挫折感。这时，自我意识就会把人的心理活动客观地反映出来，人就会对自己的认识、意志、情感、行为等进行反省，找到受挫的主客观原因，并重新定位"理想的自我"，使其与"现实的自我"趋于统一，这就极大地提高了人的认识活动的效能。人们要想实现"理想的自我"，充分发挥自己的才能和机智，就要对自我不断地进行认识。通过对自我的认知，人们才能发现之前活动中存在的不足，才能重新调整自己的认知策略，使认知活动更加完善，更加有效。

（五）良好的自我意识是心理健康的重要标志

良好的自我意识是心理健康的重要标志。心理健康的人能够充分地认识自己，接受自己，能及时洞察自己的感觉和意图，明白自己需要努力的方向以及需要达到的目标。只有客观、准确地认识和了解自我，并对自己持一种接受和开放的态度，才有可能保持心理健康，才有可能快乐幸福地生活，才有可能充分发挥自己的潜能。反之，则会对个人的身心健康产生不利的影响。

（六）自我意识使个体的活动具有一致性、共同性与独特性

从自身的角度来说，个体活动是具有一致性的。例如，有人认为经商是要讲究诚信的，那么不管在什么买卖场合，他都会遵守自己诚信的信条，否则就会有一种不安感和犯罪感。

当个体的活动出现问题，可能预期会有惩罚时，个体总要寻求与其他个体活动的共同性。个体不希望自己和他人处处一样，这样自己的个性就体现不出来，因此自我总是要寻求自己活动的独特性。

第二节　大学生自我意识的发展

一、自我意识发展的有关学说

（一）自我意识发展渐成说

美国心理学家爱利克·埃里克森提出，人的自我意识发展持续一生，但是要经历不同的发展阶段。每个阶段都有一个核心的课题，每个阶段都不可逾越，然而，时间早晚因人而异。自我在人生经历中不断获得或失去力量，保证个人适应环境，健康成长。青少年时期的主要发展课题是"自我同一性"，即自我的建立和统合，是青年期心理发展的主要任务。

（二）自我意识发展三阶段说

我国心理学家提出了自我意识发展的三阶段模式。

1. 生理自我

人出生时，物我不分；七八个月时自我意识开始萌芽；两岁左右的儿童，掌握第一人称"我"的使用；三岁左右的儿童，开始出现羞耻感、占有心。其行为以自己的身体为中心，以自己的想法和情感来认识和投射外部世界。因此，这一时期的自我意识被认为是生理自我时期，也有人称之为自我中心期，它是自我意识最原始的形态。

2. 社会自我

从三岁到青春期（3～14岁）的这段时期，既是个体接受社会教化影响最深的时期，也是角色学习的重要时期。儿童在幼儿园、小学、中学接受教育，通过游戏、学习、劳动等活动，不断地练习、模仿和认同，逐渐习得社会规范，形

成各种角色如性别角色、家庭角色、同伴角色等观念,并能有意识地调节和控制自己的行为。虽然青春期的少年开始积极关注自己的内心世界,但他们主要依据别人的观点去评价事物、认识他人的,对自己的认识也服从权威或同伴的评价。因此,这一时期个体自我意识的发展称为"社会自我"发展阶段,也称为"客观化"时期。

3. 心理自我

从青春发育期到青春后期的这段时期是自我意识发展的关键期。其间,自我意识经过分化、矛盾、统一,趋于成熟。个体开始意识到自己的内心世界,开始有明确的价值探索和追求,强烈要求独立,产生了自我塑造、自我教育的紧迫感和实现自我目标的驱动力。青年的世界观、人生观和价值观的形成,是心理自我成熟的标志。

大学生正处于心理自我阶段,渴望认识自我、肯定自我、发展自我和完善自我。

生理自我、社会自我和心理自我相互联系、有机组合、完整统一,成为一个人个性中的核心内容。

二、大学生自我意识发展的特点

(一)自我认识具有自觉性和理性

进入大学校园,大学生发现生活和学习的天地一下子变得开阔了许多:他们摆脱了父母的约束,和同学住在集体宿舍里,基本上可以自由自在地生活。他们摆脱了高考指挥棒的限制,不必紧盯着枯燥的课本。

大学里除了开设专业课程,还开设了公共必修课程和内容丰富的各类选修课程,基本上可以满足大学生对知识的需求。大学里同学之间交流内容较广泛,再加上方便的上网条件,使他们对各种社会事件和文化信息都能及时了解。如此自由、宽松的生活和学习条件让大学生更迫切地反思自己,力图把握自己的人生方向。

因此,大学生在自我认识上更加主动自觉,并更加理论化和理性化。他们不仅经常对"我是谁"之类的问题进行深入地独立地思考,而且还热衷于就此类问题与同学交流。他们经常观察周围的同学,根据与别人的比较和别人对自己的评价来力图更客观地认识、评价自己。

大学生常常会对哲学、伦理学和道德修养等课程表现出较浓厚的兴趣,原因是这些学科会系统地探讨人生的意义,并锻炼人的理性的思维方式。大学生也对文学艺术感兴趣，因为它们提供了人生是怎样的范例，并启迪他们对人生的深层次的思考。大学生还经常参照现实生活中自己景仰的教师，参照书本或媒介中宣传的学者、名人和模范等，将他们的品质内化为自己的人格特征。

（二）大学生的自我同一性发展状况各异

根据美国著名心理学家埃里克森人格发展渐成理论可知，青少年阶段面临的核心任务是能发展出自我同一性。自我同一性的含义是个体对自己的身心特点，如能力、兴趣、理想、价值观、性格特征、交友方式和职业发展等的认识和认可。该时期的成长危险是自我同一性的混乱，即个体对自我的认识和发展感到困惑和迷茫，理想的我和现实的我之间存在剧烈的矛盾冲突，两者不能实现积极的、健康的统一，导致不能确定自我形象和人生目标，情绪体验为焦虑、痛苦，严重的甚至导致人格障碍和精神病。

大学生处在青年中期，他们在自我同一性的探索中主要确定"我到底是什么人？"，并达到"这就是我"的自我认同。参照美国心理学家马萨关于青少年同一性的四种方式的分类，我们来论述我国大学生自我同一性的发展状况。我国大学生自我同一性的发展状况也可以分为四种类型。

1. 达成型

达成型的大学生能做到较客观地认识和认可自我。因为他们能从现实的我出发，修正和追求理想的我，并控制、完善现实的我，在一定程度上实现了现实的我和理想的我的积极的、健康的统一，他们的自我同一性已经达成。这类大学生一般具有许多优良的性格特点，如善于独立思考，富于好奇心，具有刻苦钻研的精神，幽默大度和耐挫折能力强等。

由于主观和客观条件的限制，目前这种类型的大学生在大学生中占少数。大多数的大学生仍处在探索和发展其自我同一性的过程中。

2. 早定型

早定型的大学生从小是听父母话的"乖孩子"，在学校则是听老师话的"好学生"。他们习惯于放弃自己的独立自主性，完全内化家长和老师的价值观，根据他们对自己的评价来评价自己，并完全按照家长和老师对自己未来的设计来确定自己的人生方向。这类大学生固然可以免除在自我确认和自我探索中的痛苦思考。但是，早定实际上并非好事。因为这种类型的大学生所达到的自我认识和自我认可不是基于自己的独立思考和探索得出来的，所以当外界条件不顺利时，他们的自我认识就会变得模糊不清，也无法再实现自我认可的目的。

3. 延缓型

延缓型的大学生在上中学时只顾埋头读书，对自我思考较少。进入大学以后，才发现生活和学习的天地很宽广，课程学习只是一部分，其他同学会把相当多的精力用在学习其他有用的知识、了解社会、相互交往和娱乐休闲等方面。因此，在丰富多彩的大学生活里，他们才开始反思"我究竟是怎样的人"和"我为什么是这样的人"等问题。在这样的反思中，他们常常为自己只会学习、不懂生活而觉得自己是一个枯燥乏味的人，并且还很可能发现自己即使在学习方面也不是出类拔萃的，因此深感自卑自责。一些人经过痛苦的自我确认，逐渐发现了自己的特点和前进的方向，找到了理想的我和现实的我结合的最佳点，从而对未来充满了信心。而另一些人还处在自我探索的困惑中，暂时无法找到理想的我和现实的我结合的交点，为此深感不安和痛苦。对这部分人应给予安慰和鼓励，因为只要他们没有放弃对自我的反思和追寻，就一定会逐步实现自我同一性。

4. 迷惘型

迷惘型的大学生对现实的我不满意，又认为理想的我难以实现，因此陷入了对自我确认的困惑之中。他们往往表现出对一切事物或活动都心灰意懒，如因为害怕别人知道了自己内心的困惑和苦恼会嘲笑自己，或认为别人根本无法理解自己、帮助自己，所以就把自己的内心封闭起来，很少与别人倾心交流；因为无法确定明确的学习目标和无法确定学习的知识对自己未来的意义，所以对学习不感兴趣，敷衍了事；因为觉得自己心境不佳，根本无法投入娱乐活动中，或者觉得这些活动没有意义，所以对此不感兴趣，较少参加，或即使参加了也没法得到快乐等。

例如，某大学生对自己的能力和性格等都不甚满意，但他又对自己有很高的期待，幻想自己将来能做出一番大事业，当个总经理。于是，当一家他想去的公司要他去参加招聘面试时，他却意外地怯场了。他当时的心情很矛盾，既有害怕和慌乱，还有傲气和不屑。事后，他到校心理咨询中心寻求帮助。经过心理工作者的帮助，他明白了自己的问题主要在于对现实自我的评价不客观。原来他一直受到母亲在他小时候说过的他有某种身体残疾的话的影响，从而对自己的能力和性格很不满。找到了问题的症结，他较快地恢复了自信，成功地通过了下一次面试。

迷惘型的大学生仍然有理想，但是因为他们不能从现实出发，所以难以将理想和现实很好地结合起来，从而在现实中屡屡有挫败感。因为迷惘型的大学生尚处在向成年期过渡的心理未成熟阶段，所以他们在认识现实的我上容易因一时的挫折而否定自己，也容易因过分富于想象而使理想的我变得遥不可及，这些问题一般会随着他们的年龄的增长、知识经验的增多而在一定程度上得到好转。在大学阶段里，如果老师和同学对他们给予积极关注，适当引导，可以更快地帮助他们走出自我困惑的怪圈。目前，这种类型的大学生在大学生总数中占有相当的比例。

（三）大学生自我意识发展的矛盾性

矛盾性是大学生自我意识发展的一个最突出的特点。这种矛盾性从心理上来看根源于他们的心理尚处于从不成熟向成熟的过渡期，从社会上来看则根源于他们尚未真正走向社会，缺乏社会生活经验，尚未取得独立的社会地位和经济地位。

大学生自我意识发展的矛盾性表现在许多方面，最主要的是理想的我与现实的我的矛盾、交往需要与闭锁需要的矛盾、独立性与依附性的矛盾以及自尊心和自卑感的矛盾，除此之外，还有追求成功与避免失败的矛盾、求知欲强而识别力低的矛盾、情感与理智的矛盾和对异性的向往与害怕的矛盾等。下面只探讨四个主要矛盾。

1. 理想的我与现实的我的矛盾

大学生的抽象逻辑思维能力已发展到高峰，加之他们的情绪体验十分深刻和丰富，导致他们对自己的未来具有丰富的想象力。但是，他们又不得不面对自己的现实状况，如学习成绩不尽如人意，体魄不够强健和社会交往技巧较差等。由于大学生是以群体的形式在大学校园里共同生活和学习的，他们不受家长的管束，在一定程度上也较少受学校的约束，所以他们相互之间的影响力很大，表现为情绪上容易相互感染，行为上相互模仿，认识上相互传播，这在一定程度上容易使他们的理想的我更加远离现实，加重理想的我和现实的我之间的矛盾冲突。例如，大学生之间常就一些社会热点问题加以讨论，但由于他们对现实的批判往往过于简单、片面，他们从理想化的角度提出的解决方案常常不能引起社会的关注，从而加重了他们的失落感。要注意的是，理想的我与现实的我之间的矛盾对大学生心理的影响是双向的：一方面，它给大学生带来了困惑和苦恼；另一方面，它为大学生的成长提供了动力和方向。在大学阶段，理想的我与现实的我之间的矛盾冲突是不可避免的，大学生要借此锻炼自己的心理承受能力，重新认识和评价自己，寻找理想的我与现实的我的结合点。

2. 交往需要与闭锁需要的矛盾

根据马斯洛的需要层次理论可知，人在基本满足了生理需要和安全需要的基础上，会产生归属和爱的需要。大学生基本上可以满足前两种低层次的需要，所以，他们会受交往需要的支配，迫切地希望广交朋友，并能有几个知心朋友，大家彼此倾吐自己的心事，共同交流和探讨人生问题。

但是，大学生又有强烈的封闭自己、与人隔绝的需要。这是因为他们向往一种个人的、独特的、自由的状态，希望在这种状态下独自思考和体验人生。大学生如果不能恰当地处理好交往需要与闭锁需要之间的矛盾，就要么会感到自己被朋友占据了，毫无自我，从而萌生失落感，要么会感到没有朋友，从而产生孤独感。恰当地处理好交往需要与闭锁需要之间的矛盾，则既能用友情抵御住孤独感，又能守住自我内心世界那份独特和宁静。要做到这一点，关键是与同学交往要真诚，即敞开心扉，切忌说假话骗人；对同学的困难要主动热情地关心，只有这样才能赢得同学的真情；保留交往的界限，即注意所交往的人、场合和时间等因素，掌握好自我暴露的分寸。

3. 独立性与依附性的矛盾

大学生既强烈地要求摆脱父母和老师的约束，独立自主地决定自己的生活、学习的方方面面，却又在情感上和行为上对家庭、学校存在较大程度的依附。这是因为进入大学以后，大学生的独立意识迅速发展，他们已处于向成人角色的过渡时期；而由于大学生缺乏社会生活经验，仍需要家庭的经济供给，与父母的感情深厚等，他们的依恋、依赖心理仍难以割舍。特别是对那些被父母过多保护且已经习惯于依赖父母的大学生来说，独立性与依附性之间的矛盾会特别突出。要解决这个问题，关键是：增强独立意识；锻炼独立的才能；与父母和老师等建立、保持亲密的联系，但要逐渐增加关系的平等性质。

4. 自尊感与自卑感的矛盾

自尊感是个体能悦纳自己，并尊重自己，对自己抱着肯定的态度。自卑感则是个体对自己不满，对自己持否定的态度。它们是自我体验中的两种相互对立的情感，但是在大学生身上，经常交织在一起。一般来看，大学生的自尊感特别强。这与他们在中学时代相比于其他同学比较突出有关。而进入大学后，与其他同学重新比较，许多人会发现自己的优势不见了，从而感到焦虑、痛苦，自卑感强烈。

另外，大学生在这一年龄阶段，往往对自己有着过高的接近完美的要求，一旦发现自己存在某些不足，如容貌不是很突出，身材不是很健美，学习算不上拔尖，家庭背景谈不上显赫和才艺算不上专业等，就容易夸大自己的不足，认为自己一无是处。要解决这一矛盾，关键是学会客观地评价自己的优点，增强自尊心，减少自傲情绪；学会客观地评价自己的不足，增加进取心，减少自卑情绪；不要盲目地与别人比较，增强自信心和耐挫折能力。

三、大学生自我意识发展中的常见问题

我国心理学家对我国大学生的自我意识问题进行过系统的科学研究，结果发现，我国当代大学生自我意识发展的总趋势是较好的，但理想的我和现实的我之间还存在着比较大的矛盾，具体表现：自我意愿高而多，自觉行动低而少；自我认识较清楚，但自我调控能力相对落后；过分关注自我，过多考虑自己，过于看重自己，而对他人、集体、社会考虑较少。也就是说，由于大学生的心理尚未成熟，部分大学生在自我意识的发展过程中存在着失误与缺陷。

（一）过分的以自我为中心的倾向

随着自我意识的发展，个体越来越多地关注自我，如果不能够摆正社会、集体和个人之间的关系，容易出现凡事从我出发，唯我独尊、自私自利的问题。大学生的自尊心、自信心和独立性等都较强，但尚未牢固地确立正确的个人价值观，因此更容易出现过分的以自我为中心的倾向。经观察发现，一些大学生十分自私自利，不能站在同学的立场上替对方着想，人际关系很紧张。他们也容易因别人没有按照他们的意愿行事而责备别人，或与别人结下仇怨。当然，这些大学生不仅伤害了他人，还伤害了自己。

例如，某大学生从小受到长辈的娇宠，长辈总是设法满足他的一切要求，包括一些无理要求，他逐渐地养成了以自我为中心的性格。进入大学后，该大学生在和其同宿舍学生相处中，把他们看作自己的家人，也要求他们绝对地服从自己，导致其他学生都因无法忍受他的做法而纷纷指责他，继而远离他。最后，该大学生在宿舍和班级中都成了不受人欢迎的人，他也为此感到困惑和苦闷，致使学习成绩一落千丈。后来，他在老师的督促下，到校心理咨询中心寻求帮助。在心理工作者的耐心开导下，他才对自己的问题有所认识。

（二）过分的自卑心理

自我意识发展到了一定阶段，个体越来越注意与他人比较，十分在意他人对自己的评价，并想象他人将如何评价自己，结果容易因过于敏感和不能正确认识自己的不足而产生过分的自卑心理。一定程度的自卑心理常常是有益的，可能促

使个体努力改进其不足。但过分的自卑心理则只会击垮一个人继续努力的信心和勇气，导致个体一蹶不振，最终一事无成。部分大学生在其发展自我意识的过程中，自卑心理过重成为他们必须要挑战的。例如，某大学生性格较内向，偶然间听到同学议论自己的长相，为此先是不敢和同学多交往，后来发展到为逃避与同学见面而不去上课。在心理医生的帮助下，他才认识到原来不是自己的长相有问题，而是自己过分的自卑心理在作怪。最后，该大学生经过一段时间的努力，逐渐消除了自卑心理，既找到了知心朋友，也提高了学习成绩。

（三）过分的逆反心理

逆反心理是指个体对某些事情不论正确与否，一概简单排斥，并带有较大的情绪成分，甚至为"反抗"而反抗。一般地，适度的逆反心理是青少年自我意识发展到一定阶段所必然会出现的正常现象，而且客观上有益于他们的独立。所谓适度的逆反心理，是指逆反心理和行为表现的范围、强度、场合等较为适中，与其年龄阶段相符合。大学生由于处在向成年期的过渡期，容易出现认知片面、情绪偏激的情况。他们在摆脱对父母和长辈的依赖而独立的过程中，有时会因过于寻求自我肯定而有意无意地把这些原来自己所服从和尊敬的对象树立为自己的"敌人"，与之进行"斗争"。许多大学生借助对父母和长辈的一定的逆反心理的动力，培养了独立的精神和各方面的能力。但是，若逆反心理过强，则不利于个体的成长，需要进行心理矫正。例如，某大学生的父母含辛茹苦地培养他，但是该大学生却对父母很不尊重，经常借故向父母大发脾气。后来在心理工作者的帮助下才知道，该大学生是嫌父母都是普通的工人，认为他们没有什么本事，所以看不起他们。其实该大学生也知道父母培养自己很不容易，所以，他每次对父母发完脾气后，也会感到很内疚。该大学生对父母并非没有感激之情，也知道父母所做的一切都是为他好，但就是控制不住自己。经过心理工作者的分析，发现他内心潜意识的想法："我向父母发脾气，表示我比他们高明。"该大学生意识到自己潜意识的想法后，终于逐渐改变了对父母的态度。

（四）过分的依赖心理

一般地，青少年适度的依赖性有利于维系他们和父母、长辈之间的感情，并为他们能够独立提供社会支持。但是，过分的依赖显然不利于青少年的成长。一些大学生对父母过分地依赖，表现在：进大学时需要父母亲自送，上了大学需要父母来照料自己或者不大与同学交流，却整天忙着给父母打电话；课程的选择需要由父母决定；花钱比较大手大脚，用完了只管向父母伸手，而自觉理所当然；恋爱的对象要父母定，或者恋爱中出现任何问题都向父母汇报，完全听父母的话；未来的职业选择要父母定，或者干脆把找工作的事情全权委托给父母；等等。大学生对父母过分地依赖将会导致他们自身人格发展的延迟和不健全。

例如，某大学生在许多事情上都依靠父母，他经常给父母打电话或发短信，而与同学的交往很少，没有知心朋友。其他同学对他的评价是不合群，对他人不信任和生活自理能力差。该大学生因不满自己的人际关系而去寻求心理工作者的帮助。心理工作者了解到导致他的这种性格形成的原因在于，家长从小就或明或暗地告诉他社会过于复杂，人与人的竞争十分激烈，因此要他在与同学相处时多加小心，以免吃亏。等他上了大学，父母虽然不在身边，但是对他还是关怀备至，他们几乎每天都要长时间地通电话或发很多条短信。该大学生已经习惯于把每天生活中发生的大事小事都向父母汇报，一旦要做什么决定，都要父母帮助。经过心理工作者的开导，该大学生醒悟到自己虽然已经具备了成年人的体魄，但是似乎还是躺在摇篮里的小婴儿，摇篮几乎就是他全部的生活空间，而作为成年人，他必须学会离开摇篮，靠自己的勇气、智慧和劳动来独立地谋生。心理工作者帮助他确立了一些可以效仿的榜样，经过一段时间的努力，他逐渐学会了与父母保持适当的距离，而与同学增加交往，直到能完全融入同辈群体。

（五）过分的情绪化

大学生处在向成年期的过渡阶段，自我体验的特点是情绪丰富、波动性大、敏感性大和情境性强等。也就是说，在一定意义上，大学生表现出的理性缺乏，情绪的不太稳定或不太成熟是正常的。但是，大学生如果过分地情绪化，即表现为经常情绪大起大落，对他人的言行过分敏感，反应激烈，不顾时间场合地乱发脾气等，则是不健康的，需要矫正。这类大学生大多是因为从小受到父母的过分娇宠或被放任不管，所以形成了或任性或暴躁的性格，也有部分大学生是因为自尊心受到过伤害，所以不自信。大学生过分的情绪化可能对他们的学习、交往和娱乐等生活的一切方面产生不良的影响。

例如，某大学生自认为同学对他不友好，原因是有两次他看到几个同学聚在一起热烈地议论着什么，但是，当他出现时，他们就奇怪地终止了议论，并散开了。为此，他忧心忡忡，几天都在琢磨这件事。后来，他变得越来越郁郁寡欢，回避与其他同学交往。后来，他主动去寻求心理工作者的帮助。原来，该大学生在上初中时曾几次被其他同学嘲笑过,他们讥笑他的长相。当时,他非常尴尬,不知所措,事后心里感觉既气愤又自卑。他进入高中后,由于学习很忙,也就把这些事忘记了。但没想到进入大学后不久,他又遇到了相似的情况,触发了旧痛。经过心理工作者的开导,他逐渐明白了自己的心结在于对人际关系过于敏感,而只有学着勇敢主动地与他人交往,才能锻炼交往技能,提高交往能力,从而拥有自信。

第三节 大学生健康自我意识的培养

一、正确认识自我

中国人常说"人贵有自知之明",古希腊人也将"认识自己"当作人生的最高智慧。全面而正确的自我认识是培养健康自我意识的基础。自我认识是由多方面组成的,既有自己的认识与评价,也有他人的评价。如果大学生对自己的价值观及自己的行为有正确的认识和评价,就能够取长补短,完善自我,就能够提高自己参与社会的积极性,协调自己与他人的交往,处理好个人与社会、个人与他人的关系。

(一)在与他人的比较中认识自己

唐太宗李世民曾说过:"以铜为镜,可以正衣冠;以史为镜,可以知兴替;以人为镜,可以知得失。"每一个人在认识自我的过程中,免不了要与别人进行比较,与他人进行比较是每个人客观、全面认识自我的重要方式。在与他人比较时,最重要的是要选定恰当的参考系,并用发展的眼光看待自己和他人。在比较中认清自己的优势和不足,缩短主观的自我与客观的自我的差距。

(二)在自省中认识自己

曾子曰:"吾日三省吾身。"自己对自己的观察与反思也是自我认识的一个重要途径。大学生要学会自省,严于自我分析,勇于自我解剖,经常反思自己的行为和动机,以便有目的地进行自我调整,从而使自我意识更加客观和稳定,避免自我认识的偏差,使自我更加完善,通过自省的方法来认识自我,可以促进大学生心理发展趋于成熟。

（三）在社会交往中认识自己

社会如同一所大学，在这所大学的交往中我们逐渐获得了关于自我的认识。在社会交往中，我们可以了解到他人对自己的看法，这样有助于发现自己以往忽略的问题；在社会交往中，我们可以对他人对自己的态度、期望和评价等信息进行分析，重新认识自己，形成较为客观的自我概念，以此来丰富和完善自己。不少大学生比较在意他人对自己的评价，值得注意的是，大学生在社会交往中对待他人的评价应有一个正确的态度。

（四）在社会实践活动中认识自己

社会实践是人的自我意识产生和发展的重要条件，大学生可以参与到社会实践中，通过不同形式的实践活动来认识自我，挖掘自己的潜能。这些活动的成果更能衡量大学生的自我价值。心理学上有一种"自我意象"的说法，是指在某个方面没有取得好成绩，不是欠缺这方面的能力，而是认为自己在这方面不擅长。因此，大学生可以通过实践活动来确定自我的能力，发现自我的价值。

二、积极悦纳自我

（一）积极地肯定自我

俗话说："人无完人，金无足赤"。既然人都有缺点或短处，那么要发展自我，明智的做法不是企图否认、遮掩或回避它们，因为这只能是自欺欺人的表现。正确对待自己的短处是积极地肯定自我的关键。大学生对自己不能改变的短处，如先天的身材矮小、相貌平平等要勇于面对现实，坦然接受，然后再设法通过适当的修饰加以弥补，也可以通过在其他方面取得的建设性成就而得到"补偿"。对自己可以改变的短处，如不良的生活习惯、自私自利、意志薄弱等，则要坚决改正。有些大学生因为自己存在种种缺点，就妄自菲薄，导致自信心的降低，连自己原有的优势也发挥不出来。而积极地肯定自我，则可以最大限度地调动个体的能动性，使其心情愉悦，智力和创造力得到充分发挥，使其朝着自我完善的方向大踏步地迈进。

（二）正确地对待挫折

挫折是一种因原来既定的目标无法实现而导致的需要不能满足时的情绪状态。挫折发生时，有些个体常常会一味地自责自咎，贬低自己，导致自信心下降。大学生由于自我认识存在一定的片面性和情绪的起伏性较大，当他们面临挫折时，如考试成绩不及格,考试作弊被发现,考研究生失败,与同学发生人际冲突,失恋和毕业时找不到理想的工作等时,他们常常会变得非常消沉,看不清自己的未来和希望,对自己全盘否定。

因此,要帮助大学生学会正确地看待挫折,就要使他们清醒地认识到:①人生不可能总是一帆风顺的,挫折是难以避免的;②对待挫折的态度。不使挫折对个体的心理和行为影响更大,即要把一时一事的挫折看轻、看淡,越挫越勇。大学生只有做到不因遭遇挫折而盲目地否定自己,才能得到完整的生活体验,从而培养健全的自我意识。

大学生个体需要强化四个理念:一是坚信只要真正付出努力,在同等条件下,别人能做到,我也一定能做到。强烈的自信和理智的努力能激发个体的潜能,促进成功,成功后的愉悦又可以使个体进一步增强自信,形成良性循环。二是不忘"尺有所短,寸有所长",能恰当地认识自己,而不是苛求自己。三是懂得"失之东隅、收之桑榆",正视自己的短处,既努力扬长,也注意补短。一个人在某些方面自觉不足,如果通过积极的努力来补偿,以最大的决心和最顽强的毅力去克服这些缺陷,往往最终能取得成功。四是记住"失败是成功之母",正确地对待成功和失败。

三、有效控制自我

从心理健康角度来讲,自我控制是人主动定向地改变自己的心理品质、特征以及行为的心理过程,是自我心理结构中最重要的调节机制,也是心理成熟的最高标志。大学生情感丰富,但极易冲动,主要是由于大学生的自控能力还较差,还不够稳定。一般刚入校的大学生自我控制能力较弱,比较爱冲动,意气用事。但随着年龄的增长、学识的增加、经验的累积,大学生的自我控制能力逐渐增强,他们能够及时根据别人的评价和自己行动的结果进行反省,并及时调整自己的行为和目标。大学生注意从以下三个方面有效地控制自我。

(一)有明确的行动目标

没有目标的人生,就像一艘无人驾驭的小舟,漫无目标地随风飘荡。而明确的目标正是成功的基础。目标与行动是密切联系在一起的。没有行动的目标只会是纸上谈兵,并不是目标促使一个人成功,而是目标下的行动促使他在向成功迈进。正确的行动目标能够诱发人的动机,强化人的行为,并促使其走向预定的方向。对于大学生而言,由于其心智尚未完全成熟,有时缺乏足够的自制力和意志,因此就要有明确的行动目标，并制订完善的行动计划和程序，这样就可以避免自己行为的盲目性。

（二）善于自我检查、自我监督

在有了明确的行动目标，并制订合理的行动计划之后，行动就应按照预定的计划有条不紊地进行。在行动过程中，要不断进行自我检查，及时调整行动。大学生还应该认真领会社会道德准则的实质，并将其内化为个人的品德，确立个人内在的行为准则，以此来监督自己的行为。

（三）提高自我控制的能力

在某种程度上来说，大学生正处在实现人生目标的旅途的起点，在这一旅途中会遇到来自本能和外部的各种诱惑。大学生要想实现自己的人生目标，就必须能够抵制住这些诱惑，能够主宰自己的行动，因此需要顽强的意志力。而人的意志力往往与自我控制能力密切相关，所以就需要坚强的自我控制能力来理智地约束自己的行为，把握自己的情感，克服消极的愿望和动机。

四、积极地提升、完善自我

积极地提升自我的一个十分有效的方法就是提高自我效能感。自我效能感是个体在一定情境下对自我完成某项工作的期望。当人们期望自己成功时，必然会尽自己最大的努力来完成具有挑战性的任务，也会更加坚持，从而增加成功的系数。自我效能感与成功动机成正相关。

同时，大学生的自我效能感较高，这是在他们对学业的期望值较高上体现出来的，自我效能感较高则能增强大学生的成功动机，从而付出努力来取得学业上的成功。克服自我障碍也是提升自我的一个有效的方法。一个希望提升自我的人必须学会用积极的心态来对待问题，公正客观地看待事物，主动克服自我障碍，进行积极的自我提升和自我尝试。

积极地完善自我则是个体在认识自我、认可自我的基础上，自觉规划行为目标，主动调节自身行为，积极改造自己的个性，使个性全面发展。大学生要积极探索人生，理解人生，树立正确的世界观、人生观和价值观。在个人与社会的联系中认识并实现人生的价值和意义，并通过实现这一目标而不断完善自我。

提升和完善自我是一个长期的过程，大学生必须坚持不懈，持之以恒，这样才能最终实现自己的人生目标。

第四章 大学生人格发展与心理健康

目前，大学生在一定程度上存在人格障碍，严重影响了大学生的心理健康成长。人格障碍可能是由生物遗传、心理环境和社会文化等因素共同作用形成的，人格的形成、发展和完善是主客体相互作用的结果。因此，大学生健康人格的形成与发展，不仅需要充分发挥内在的主体调适作用，还需要外在教育合力的共同参与。本章分为人格概述、大学生人格心理特征、大学生健全人格的培养三部分。

第一节 人格概述

一、人格概说

（一）人格定义

什么是人格？对于这个基本的问题，心理学家却不同意给出一个简单的答案。在如何描述一个人的人格，以及人格心理学包括哪些问题上，现在还没有定论。这可能正反映了人的复杂性，探索人格的框架非常复杂和丰富。另外，日常生活中我们提到的"人格"或"性格"的说法可能并不等同于心理学上的概念。为了更好地说明问题，我们先就常见的概念混淆做出一些澄清。

"你这样是侮辱我的人格"，这里的人格通常等同于品格或尊严，是从道德和伦理的角度来使用"人格"，对人做出道德评价，如评价某人人格高尚，某人人格卑劣等。

"别看他在外面像模像样的，其实在家里真实的性格才展示出来"，这里的性格是指人格特质，心理学家把特殊的、稳定的个性品质称为人格特质。人格特质是从行为观察中推论出来的，具有稳定性，同时一个人可以拥有多种个性特质，彼此之间可能并不一致。

"这个人天生就具有这样的个性",这里的个性通常是指气质类型。气质在心理学里与日常生活中所说的"气质"(特指行为举止,谈吐修养)不同,是指一个人生来具有的典型而稳定的心理活动的动力特点。气质较多受生物因素的制约,是形成个性或人格的原料之一,是人格的先天遗传成分。即使在新生婴儿身上,也能发现他们气质的差别,如有的新生儿只要一醒就爱哭闹,有的则比较安静。

"他是一个什么样的人?"通常这个问题是在问这个人的人格类型,如实干型的人都重实际,研究型的人爱探究,艺术型的人喜自由等。属于同一人格类型的人具有若干共同的个人特质。

由上面的描述不难发现,人格的研究范围非常广泛。心理学家普遍认为,广义的人格等同于个性,是指稳定的行为方式和发生在个体身上的人际过程。所以,人格是稳定的。但是,这并不意味着人格是一成不变的。另外,人际过程强调的是我们在与人沟通互动的过程中所思所想所感与人格差异之间的相互作用。同时,也意味着外部环境对人格有着重要的作用。父母的教育方式、社会文化等因素都影响着我们个性的形成。从这个角度来说,人格是相对稳定的和独特的认知、情感与行为模式,它体现了一个人独特的精神风貌,并没有直接的道德评价,更多地体现了一种倾向性。总之,人格具有多种成分和特质,如能力、气质、性格、兴趣、价值观及行为习惯等。

(二)人格的特性

1. 独特性

与人格的自然性和社会性相对应,个体人格有其独特性,即每个人的人格都具有自己的独特性,即使是同卵双生子甚至连体婴儿长大成人,也同样具有自己人格的独特性。这一方面受其所处的自然环境、遗传因素的制约;同时,受个体所从事的社会活动的影响,个体人格的养成因社会环境的不同而产生差异。人格的独特性对人格的发展起着重要的作用。因为任何人的人格都是社会性和独特性的辩证统一,正如马克思所认为的,"任何人既是社会整体中的一员,又是一个独立的个人;既有共同的社会本质,又有各自特殊的个人本质"。而且,在马克思看来,人的个体的全面的发展和自身创造能力的充分发挥,乃人的本质的真正体现。"在人的社会特性中,人格是其核心内容。只有充分表现个性才能充分表现共性,个性越多样,共性越丰富。人只有充分体现他的独立人格,才能体现他自己的存在,社会也才能显示其巨大的创造力。每个人都有自己的特殊性和不可替代性。"美国著名的心理学家奥尔波特认为，人格是一种"动力组织"，包括使个人具有独特性的各个方面，如习惯、态度、价值观念、思想和行为方式等。奥尔波特的理论强调人格的独特性，强调自我和自我意识的发展对人格的发展的影响。

2. 稳定性

"江山易改，本性难移"，人格的稳定性就是指一个人经常表现出来的特点，是其一贯的行为方式的总和，一般表现为跨时间的稳定和跨情境的一致。但是，稳定性并不意味着人格不可改变，人格同时具有可塑性。一般而言，儿童的人格正在形成中，还不稳定，容易受环境的影响而发生变化；成年人的人格比较稳定，但是还可以自我调控。

3. 整体性

人格是人的各种人格倾向性和人格特征的有机结合。人格由气质、性格、能力、兴趣、爱好、需要、理想、信念等成分构成，这些成分或特征不是孤立地存在的，而是具有内在统一性。正常人能够正确地认识和评价自己，能及时地调整在人的内部心理世界中出现的相互矛盾的心理冲突，使他的动机和行为保持一致。一个人失去了人格内在统一性，就会出现人格分裂现象。

4. 功能性

人们常说"性格决定命运"。人格决定了一个人的生活方式，进而决定一个人的命运，这就是人格的功能性。一个人的人格功能发挥正常的时候个性表现为健康而有力；人格功能受损往往会影响一个人的社会功能和生活，人的个性表现出怯懦、无力、失控或病态。

5. 主体性

人格是人的主体性在人的身上的集中表现，是人作为社会活动的主导者的一种资格。人只有将自身置于社会活动中作为活动的主体，才会显现出人格的相关特征，同时人只有具有独立人格才能成为真正的主体。从内涵上加以分析，所谓主体性，就是人作为社会关系活动主体的特定规定性。主体作为一个关系的范畴，只有发生了主客体关系的地方，才会有主体。人之所以能够成为主体，是在他同自然、社会以及他自身发生的主客体的关系中得以确立的。现实的社会中的人是在社会关系中产生和造就的，人的现实的特性、本质和本质力量同样也是在其中产生的。因此，主体性既是一个属性的概念，也是一种交互性的关系概念，是只有在关系中才具有其存在意义的属性概念。人格的主体性表明其作为整个社会生活的主体，在社会生活中以其主体意识积极参加社会实践活动，发挥其主体地位的作用。

（三）主要的人格理论

1. 精神分析学派

精神分析理论是西格蒙德·弗洛伊德开创的一种有一定影响的人格结构理论。他的核心思想是人格由本我、自我、超我三部分组成，这三者在意识活动、无意识活动的机制下，在性格发展的关系中形成。本我是人格结构中最原始的部分，是人原始力量的来源，是遗传下来的本能。本我淹没于无意识中，是潜意识的，表现为冲动的、非理性的。本我按快乐原则行事，要求满足基本的生物要求，毫无掩盖与约束，寻找直接的肉体快乐。这种要求若有迟缓或减弱，个体就会感到烦扰、懊恼，其结果不是这种原动力消失或减弱，而是个体企图满足的要求更加迫切。自我是个体出世后，在现实环境中由本我分化发展而产生的，其作用在于调节现实要求与本我需要的矛盾。自我是人格结构的中间层，但也只是部分意识而已。自我一方面调节本我，另一方面又受超我控制。自我按现实原则行事，总是理性的、合乎逻辑的。在与环境的交往中，儿童不仅发展了自我，还知道了什么是对的、什么是错的，能够对正确与错误做出辨别，这就是人格中的超我。超我遵从理性原则，从理性角度思索什么是可以做的以及什么是不可以做的。本我的快乐原则、自我的现实原则与超我的理性原则共同构成了人格的三层结构。这三部分相互影响，假如一部分发生变化，那么就必然导致其他部分的改变，三者处于相对平衡的状态，共同构成整体人格。一旦这种平衡关系难以维持或遭到破坏，个体就会产生焦虑情绪或出现人格异常情况。

2. 特质流派

特质流派的主要代表人物是奥尔波特与雷蒙德·卡特尔。

（1）奥尔波特的人格特质理论

奥尔波特于1937年首次提出人格特质理论，他将人格分为共同特质和个人特质。共同特质是指在某一社会文化形态下，大多数人或群体所具有的共同特质。个人特质是个体身上独有的特质，依照生活中所起作用的大小，分为首要特质（个体最典型、最具概括性的特质），中心特质（构成个体独特性的几个重要特质，一般每个人身上有5～10个），次要特质（只是在特殊情况下才表现出来）三类。

(2) 卡特尔的特质观点

卡特尔认为人格基本结构的元素是特质。认为特质是人在不同时间和情境中保持的一致性。他还认为人格特质是有层次的,第一层次是个别特质和共同特质。第二层次是表面特质和根源特质。表面特质是指外部表现能直接观察到的行为或特征,表面上看相似的行为有着不同的原因。根源特质是指具有相互关联的特征或行为以相同原因为基础。

3. 行为主义流派

行为主义的代表人物是美国心理学家华生和斯金纳。行为主义将人格看作个体的独特行为方式或这些方式的组合。他们在对人格的研究中,即对个体的特殊学习经历或独特遗传背景的系统考察中,发现有机体与强化之间的独特联系,并且认为,人格研究只有建立了科学的判断标准才是合理的。行为主义注重从个人所处环境的强化程序来考察人格的发展与改变。由于行为主义的人格理论主要是在对低等动物的研究中得出的,只注重行为的外显性,反对内省法和对内部事件进行研究,因而忽视了人格机能的基本方面(整体系统中部分的功能作用)的内容。

4. 社会学习理论

社会学习理论的代表人物是美国心理学家阿尔伯特·班杜拉。社会学习理论注重交互作用,即有机体与环境的相互作用的过程,强调有机体对变化着的环境的反应能力。班杜拉认为,行为的个体差异取决于我们特定的学习经验,而不是天生的人格特质。例如,我们通过观察学习,发现了哪些行为更易得到奖励或受到惩罚,这是替代强化。班杜拉还强调,行为是由我们自己掌控或自我生成的。

5. 人本主义流派

在人本主义心理学阵营中,最具有代表性的是马斯洛。马斯洛不同意行为主义与精神分析学派的人格学说,而是着力于创立一门研究人类的积极本性的心理学。他的学说的重心是动机理论,他坚定不移地主张人类有一些本能化的需要,即使这种内在需要有其生物学基础,但它表现得很微弱,也很容易被压抑、埋没或被扼杀。

基于此,马斯洛把人的需要分为五个层次:一是生理的需要,即人与动物所共有的,包括饮食、性、排泄和睡眠;二是安全需要,即住宅、工作场地、秩序、安全感和可预言性,这一层次需要的首要目标是要减少生活中的不确定性;三是归属的需要,即个体要有组织、家庭、社会归属感,归属感的建立是个体社会中的重要组成部分;四是爱和尊重的需要,它包括两个方面,一方面要求别人对自己重视,产生威信、认可、地位等情感,另一方面要求自尊,与此相应的是适应、胜任、信心等情感;五是自我实现的需要,即要让自己成为理想的人,达到个人潜能的最高峰,这是每个个体内心真正需求的。

二、人格的影响因素

(一)生物遗传因素

人格能否遗传?心理学的历史上向来有遗传决定论和环境决定论之争。

最早对这一问题进行研究的是19世纪末的英国学者弗朗西斯·高尔顿。在人类遗传学的研究中,高尔顿最先注意到"先天与后天"的区别和联系,并于1875年首创了双生子法。一般认为,同卵双生子因为基因类型都是一样的,同卵双生子间的差异归因于受子宫内或出生后环境的影响;异卵双生子或二卵双生子间的基因类型本来就不同,双生子间的差异既有遗传的因素也有环境的影响。通过双生子之间的异同对比,研究遗传和环境对个体的影响,双生子法因此成为人类遗传研究中的经典方法。

高尔顿强调遗传是形成个体差异的原因。他曾对300名同卵双生子或异卵双生子进行了观察研究,对数百名法官、文学家、科学家、艺术家、神学家、政治家的家谱进行了调查,发表了《遗传的才能和性格》《遗传的天才》等一系列著作,论证遗传因素与个体差异的关系,提出人的才能和性格是可以遗传的。

高尔顿是第一个明确提出普通能力和特殊能力主张的人。他在调查1768—1868这100年间英国的首相、将军、文学家和科学家共977名智力超群人的家谱中发现,其中有89个父亲、129个儿子、114个兄弟,共计332名杰出人士。而在一般老百姓中4000人才产生一名杰出人士。因此,他断言"普通能力"是可以遗传的。在调查30家有艺术能力的家庭中,他发现这些家庭中的子女也有艺术能力的占64%;而150家无艺术能力的家庭,其子女中只有21%有艺术能力,因此断言艺术能力这一"特殊能力"也是可以遗传的。他发现,遗传亲属关系程度的降低,杰出亲属的比例也显著地下降。高尔顿还用80对双生子的资料,以双生子比其他亲兄弟、亲姐妹在心理特点上更为相像的事例,证明人的心理完全是可以遗传的,因此也使他第一个注意到同卵双生和异卵双生在估计遗传和环境因素在人的变异方面的相对作用的方法论的重要性。高尔顿根据遗传与个体差异的关系倡导善择配偶，改良人种，并于1883年首创"优生学"这一术语。

高尔顿的观点遭到了许多心理学家特别是行为主义心理学家的反对，但是根据对新生儿的观察发现，有的婴儿哭声洪亮、好动，属于兴奋型；有的婴儿哭声细微、安静，属于抑制型。这样的事实告诉我们神经类型的特点显然是可以遗传的。而且，有人对双生子的精神病同病率问题进行了调查，发现同卵双生的同病率显著高于异卵双生的同病率。寄养研究也表明通过寄养的精神病人的子女患精神病的概率比正常人的子女更高，说明血缘关系越近，病态人格的发生率越高，表明遗传对人格的影响确实存在。

近些年来，随着分子生物学、分子遗传学和细胞遗传学研究的重大发展，研究者发现某一基因的突变会引发躁狂抑郁症，人体血液内的5-羟色胺具有保持情绪稳定的作用等，表明已经有可能揭示遗传因素影响人格的物质基础。当然，这些遗传因素只是影响人格差异的一个方面，更重要的是在人格形成过程中来自周围环境、文化传统等方面的影响。

（二）社会文化因素

社会文化因素包括社会制度、经济状况、阶级差别、民族传统、风俗习惯、伦理道德和教育方式等。个体从出生之日起，就在社会文化环境的包围下成长、成熟。在这个意义上，人不仅仅是一个生物个体，更是一个社会个体。生物个体的人在成长过程中，会随时随地对来自社会的要求做出各自独特的反应，调节个体生物需要与社会文化环境的关系，主动或被动地实现个体社会化的过程。在这个过程中，个体形成独特而稳定的人格。所以，社会文化环境的方方面面都对人格的形成有着潜移默化的影响。

不同的国家有各自的社会制度，不同的社会制度造就不同的社会环境，不合理的社会制度造成家庭结构的不稳定，社会道德风尚败坏，贫富差距显著，从而造就了病态人格的温床。因此，每个国家都十分重视培养公民对社会制度的支持和拥护。个体对不同社会制度的态度在一定程度上体现了个体的世界观、人生观、价值观，从而影响了人格发展的方向。

经济状况会对人格的形成产生一定的影响。有迹象表明，经济地位越低，出现心理异常的频率越高。经济地位较高的人因为较少碰到如生活困难、无力支付某些必要开支等紧张情境，并有足够的收入得到医疗上的帮助，且高收入在一定程度上满足了人的自尊需要，对人格发展是较为有利的。而经济地位较低的人往往面临更多的生活紧张状况，社会经济衰退，通货膨胀及失业的威胁等使人容易产生焦虑，缺乏自信，对健康人格的形成是不利的。但这并不表明经济地位与人格有某种因果关系。

文化差异对人的行为的不同影响可以说明文化的作用。20世纪90年代，北京大学心理学系和台湾大学心理学系合作研究了中国人的人格，发现西方人和中国人在对人格特征的表述上显著不同，而中国大陆和中国台湾的大学生在对人格特征的描述上却惊人地相似。这说明东西方文化孕育了不同的人格特征，中华民族的文化传统对中国人的人格塑造有着深远的影响。德国教育学家斯普兰格关注人格的发展。他在其《青年的心理》和《价值的等级》等著作里指出，人格发展之所以有不同水平、类型和价值等级，主要不是由于人的本性，而在于自我意识及其自我同社会文化、历史的关系。美国一位人类学家考察了新几内亚的几个原始部落，发现处于相似地理位置的相似部落，其行为方式和人格倾向却各不相同：A部落的人历来和平相处，所以人与人之间友好合作，居民性格温和；M部落的人传统上好战，残酷，无论男女性格都有猜疑、相互攻击、很强的报复心的倾向。当然，同一民族文化环境中成长起来的每个个体的个性也是千差万别的。这是因为人格的形成是人的个别性和社会统一性相结合的产物，所以才会出现同一个家庭中老大优秀、老二平庸的情况。

社会的伦理道德在的一定程度上也会影响人格的形成。此外，还有一些其他社会因素，如战争等。在战争中，个体因生命安全得不到保障而充满恐惧感和焦虑感，致使情绪不稳定。

学校对学生人格的影响主要是指教师和同伴的影响。因为人格是在实践过程中形成的，是在人与人交往的过程中形成的。教师的言行举止、情绪反应都可能被学生模仿，从而潜移默化地影响学生待人处事的方式、学习态度或对自己的看法等。同伴的影响在中学生和大学生中更为显著，这个年龄的青少年更看重同龄人的赞许和认同，从众现象在群体中普遍存在。但由于人格尚未完全成熟定型，良好的集体环境对他们来说很重要。

（三）家庭环境因素

家庭是"制造人类性格的工厂"。家庭是个体最早接受教化的场所，社会和时代的要求，往往是通过家庭对儿童产生影响的。许多精神分析学家认为，从出生到五六岁这一阶段,是一个人人格形成的最主要阶段,父母的教养态度对其人格的形成和今后的发展起着重要作用。不同的依恋关系,父母对子女的态度,家庭氛围都对一个人的人格有着较强的影响。特别是童年经验的影响更是受到精神分析学家的重视,"早期的亲子关系定出了行为模式,塑造出一切日后的行为"。这是麦肯侬有关早期童年经验对人格影响力的一个总结。斯毕兹对孤儿院里的儿童进行了研究,发现这些早期被剥夺母爱的孩子,长大以后在各方面的发展均受到影响。但是这种早期的创伤经验并不是单独对人格产生影响的,早期童年经验是否对人格造成永久性影响因人而异。对于正常人来说,随着年龄的增长、心理的成熟,童年经验的影响会逐渐减弱,其效果不会永久不衰。

(四)自然环境因素

生态环境、气候条件、空间拥挤程度等物理因素都会影响人格。例如,热天会令人烦躁不安,对他人产生负面的反应。世界上炎热的地方也是攻击行为较多的地方。人格特质和环境之间相互作用,外部环境和情境同样影响着人格特质的表现方式。

三、大学生常见的人格障碍

(一)偏执型人格

1. 表现及特征

偏执型人格的典型特征是明显的猜疑和固执,其特点是主观、固执、敏感、猜疑、心胸狭隘、报复心强。一方面,偏执型的人骄傲自大、自命不凡,总以为自己怀才不遇,自我评价甚高;另一方面,在遭遇挫折失败时过分敏感,怪罪他人,推诿责任,很容易与他人发生冲突与争执,还把生活中本来与自己无关的事件都联想成针对自己,对现实生活中或想象中的耻辱特别敏感猜疑。

2. 调适与治疗

(1)认知提高法

由于患者敏感猜疑,缺乏安全感,所以首先要与他们建立信任关系。在相互信任的基础上交流情感,向他们全面介绍其自身人格障碍的性质、特点、危害性及纠正方法,使其对自己有正确、客观的认识,并产生要求改变自身人格缺陷的愿望。这是进一步进行心理治疗的先决条件。

（2）交友训练法

鼓励患者积极主动地进行交友活动，在交友中学会信任别人，增加安全感。交友训练的原则和要领是真诚相待，以诚交心。交友的目的在于克服偏执心理，寻求友谊和帮助，交流思想感情，从而消除心理障碍。交往中尽量主动给予知心朋友各种帮助，取得朋友的信赖，从而增进友谊。

（3）自我疗法

偏执型人格患者首先必须分析自己的非理性观念。例如：①我不容忍别人一丝一毫的不忠；②世上没有好人，我只相信自己；③我不能表现出温柔，这会给人一种不强大的感觉。然后该对这些观念加以改造，以除去其中极端偏激的成分：①我不是说一不二的君王，别人偶尔的不忠应该原谅；②世上好人和坏人都存在，我应该相信那些好人；③我不敢表现真实的情感，这本身就是虚弱的表现。每当故态复萌时，就应该把改造过的合理化观念默念一遍，以此来阻止自己的偏激行为。

（4）敌意纠正训练法

偏执型人格障碍患者易对他人和周围环境充满敌意和不信任感，采取以下训练方法有助于克服敌意对抗心理：①经常提醒自己不要陷于"敌对心理"的漩涡中。②要懂得只有尊重别人，才能得到别人尊重的基本道理。要学会对那些帮助过自己的人说感谢的话。③要学会向认识的所有人微笑；可能开始时很不习惯，做得不自然，但必须这样做，而且努力去做好。④要在生活中学会忍让和有耐心。

（二）强迫型人格

1. 表现及特征

强迫型人格障碍者有以下几个特征。

①做任何事情都要求完美无缺、按部就班、有条不紊，因而有时会影响工作效率。

②不合理地坚持让别人严格地按照他的方式做事，否则心里很不痛快，对别人做事很不放心。

③犹豫不决，常推迟或避免做出决定。

④常有不安全感，穷思竭虑，反复考虑计划是否得当，反复核对检查，唯恐疏忽和产生差错。

⑤拘泥于细节，甚至生活小节也要"程序化"，不遵照一定的规矩就感到不安或要重做。

⑥完成一件工作之后常缺乏愉快的体验，相反，容易悔恨和感到内疚。

⑦对自己要求严格，过分沉溺于职责义务与道德规范，无业余爱好，拘谨吝啬，缺少朋友往来。

患者状况至少符合上述项目中的3项，方可诊断为强迫型人格障碍。

强迫型人格障碍者的最主要特征就是苛求严格和完美，容易把冲突理智化，具有强烈的自制心理和自控行为。这类人平时缺乏安全感，对自我过分克制，过分注意自己的行为是否正确，举止是否恰当，因此表现得特别死板，缺乏灵活性。责任感特别强，往往用十全十美的高标准要求自己，追求完美，同时又墨守成规。

在处世方面，具有强迫型人格障碍者过于谨小慎微，常常因过于认真而重视细节，忽视全局；怕犯错误，遇事优柔寡断，难以做出决定；不能平易近人，难于热情待人，缺乏幽默感。

2. 调试与治疗

（1）听其自然法

由于强迫型人格障碍者的主要特征是把冲突理智化，过分压抑和控制自己，因此，对强迫型人格障碍者的纠正方法主要是减轻压力和放松精神。最有效的方式是任何事听其自然，不要对做过的事进行思考和评价。

例如，开始时担心门没有关好，就让它没关好；课桌上的东西没有收拾干净，就让它不干净。开始时可能会由此带来焦虑的情绪反应，但由于患者的强迫行为还远没有达到强迫症的无法自控的程度，所以经过一段时间的训练和自己意志的努力，症状是会消失的。

（2）当头棒喝法

属于强迫型人格的人已经习惯于按教条办事，总是按"应该如何，必须如何"的准则去做事，在某种程度上像一个机器人。要想改变这种状况，就应该努力寻找生活中的独特事件，让这些独特事件带来新的观念和解决问题的新思路、新方法，以起到"当头棒喝"的作用，改变以往墨守成规、循规蹈矩的习惯。另外，当感到将要不能控制某一行为时，自己大喝一声"停"或"不"都是有效的，因为这时人的思维、行为习惯被打乱，自我意识就能起作用了。例如，自己对他人办事不放心，迟疑着不肯把事情交给他人去办时，就可以对自己大喝一声"当断则断"，在那一瞬间抛弃所有的顾虑，把事情交给其他人做。

（三）冲动型人格

1. 表现及特征

冲动型人格障碍也称爆发型人格障碍或攻击性人格障碍，是一种因微小精神刺激而爆发强烈的且难以控制的愤怒情绪并伴有冲动行为的人格障碍。其主要特征为患者情绪不稳定及缺乏冲动控制能力，暴力或威胁性行为的爆发也很常见。这种人常常因微小的刺激而爆发强烈的愤怒情绪和冲动的行为，自己常常不能控制。这种突然出现的情绪和行为的变化与平时是不一样的，但患者在不发作时是正常的，因此他们常常对自己的行为感到后悔和懊恼，但这并不能阻止、防止该行为再次发生。

2. 调适与治疗

①开展青春期有关生理方面、心理方面的教育，使其能正确认识自己，认识自己外部的变化和心理变化。鼓励他们独立反省，完善自我。

②开展多种形式的业余文艺、体育活动，让青春期孩子体内的能量寻找一个正常的释放渠道。另外，培养各种爱好和兴趣，使其情操得到陶冶，从而健康成长。

③与患者进行深入细致的心理访谈，使其正视挫折，总结经验，找到受挫的原因并加以分析。通过各种手段培养他们的承受能力，并能对挫折采取积极的富有建设性的应对措施。

（四）依赖型人格

1. 表现及特征

依赖型人格表现为缺乏独立性，感到自己无助、无能和缺乏精力，生怕被人抛弃。将自己的需要依附于别人，过分顺从别人的意志。要求和容忍他人安排自己的生活，当亲密关系终结、中断联系或孤独时，则有被毁灭和无助的情绪体验，易与他人发生冲突。其特征表征为极度缺乏安全感，无独立生活能力，行为不成熟，优柔寡断，缺乏判断力。这种人总是让他人替自己做重大的决定，严重者甚至日常生活琐事都要让他人为其出主意。

2. 调适与治疗

（1）习惯纠正法

患者可以清查一下自己的行为中哪些是习惯性地依赖别人去做的，哪些是可以自己做决定的，并每天做记录，记满一个星期。然后将这些事件按自主意识强、中、较差分为三等，每周一小结。

对自主意识强的事件，以后遇到同类情况应坚持自己做决定。例如，某一天按自己的意思穿鲜艳的衣服上班，不要因别人的闲话而放弃，直到自己不再喜欢穿这类衣服。

对自主意识中等的事件，你应提出改进的方法，并在以后的行动中逐步实施。例如，在制订工作计划时，你听从了朋友的意见，但对这些意见你并不赞同，便应把自己不赞同的理由说出来给你的朋友听。这样，在工作计划中便掺入了你自己的意见，随着自己意见的增多，你便能从听从别人的意见逐步转为完全自主做决定。

对自主意识较差的事件，你可以采取控制技术逐步强化、提高自主意识，在别人要求的行为之下增添自我创造的色彩。

（2）重建自信法

第一步，消除童年的不良印迹。依赖型的人缺乏自信，自我意识较弱，这与童年时的不良教育在心中留下的自卑痕迹有关。你可以回忆童年时父母、其他长辈、朋友对自己说过的产生了不良影响的话。你把这些话语整理出来，然后一条一条加以认知重构，并将这些话语转告给你的朋友、亲人，让他们在你做决定时不要用这些话语来指责你，而要热情地鼓励、帮助你。

第二步，重建勇气。你可以选择做一些略带冒险性的事，每周做一项。例如，独自一人到附近的风景点进行短途旅行；独自一人去参加一项娱乐活动或一周规定一天"自主日"，这天不论发生什么事情，绝不依赖他人。做这些事情可以增加你的勇气，改掉你事事依赖他人的弱点。

（五）癔症型人格

1. 表现及特征

癔症型人格又称表演型人格，其典型的特征表现为心理发育的不成熟性，特别是情感过程的不成熟性。具有这种人格的人的最大特点是做作、情绪表露过度、总希望引起别人的注意。

2. 调适与治疗

①调高认识，帮助患者了解自己的各种缺陷，意识到只有正视自己，才能适应社会环境。如果不能正视自己的缺陷，自我膨胀，放任自流，就会处处碰壁，导致病情发作。

②情绪自我调整法。癔症型人格的情绪表达，旁人常无法接受。所以具有此种人格的人要想改变这种情况，首先要做的便是对自己的亲朋好友做一番调查，听听他们对这种情绪表达的看法。对他们提出的看法千万不要反驳，要扪心自问：这些情绪表现哪些是有意识的，哪些是无意识的；哪些是别人喜欢的，哪些是别人讨厌的。对别人讨厌的情绪要坚决予以消除；而别人喜欢的则在表现强度上力求适中；对无意识的表现，可将其写下来放在醒目处，不时地提醒自己。

此外，还可请好友在关键时刻提醒自己，或在事后请好友对自己今天的表现做一些评价，然后从中体会自己情绪表达的过度之处，以便在以后的情绪表达上适当控制，达到自然、适度的效果。

③升华法。具有癔症型人格的人有一定的艺术表演才能，我们不妨"将计就计"，让他们把兴趣转移到表演艺术中，使其原有的能量在表演中得到升华。事实上，许多艺术表演都有一定的夸张成分，为了使观众沉浸到剧情中，演员必须用自己的表情、语言去打动他们。因此，具有癔症型人格的人投身于表演艺术是一条很有效的自我完善之路。

（六）回避型人格

1. 表现及特征

回避型人格表现为很想与人来往，但又怕被拒绝、抛弃、羞辱，结果总是回避，自卑心强，一般不敢到公众场合与大多数人来往。其主要特征表现在：一是容易受伤害。很容易因他人的批评或不赞同而使情绪受到伤害。二是缺少朋友。除了至亲之外，几乎没有好朋友或知心人。三是不涉他人事务。除非确信受欢迎，一般总是不愿卷入他人事务之中。四是行为退缩。对需要人际交往的社会活动或工作总是尽量逃避。五是心理自卑。在社交场合总是缄默不语，怕惹人笑话，怕回答不出问题。六是敏感羞涩。害怕在别人面前露出窘态。七是惧怕困难。在做那些普通的但不在自己常规之中的事时，总是夸大潜在的困难、危险或可能的冒险。

2. 调适及治疗

（1）消除自卑感

第一，要正确认识自己，提高自我评价；第二，要正确认识自卑感的利与弊，提高克服自卑的自信心。进行积极的自我暗示、自我鼓励，相信事在人为。

（2）克服人际交往障碍

具有回避型人格的人都存在着不同程度的人际交往障碍。因此必须按梯级任务作业的要求给自己制订一个交朋友的计划。初始的级别比较低，任务比较简单，以后逐步加深难度。

第二节　大学生人格心理特征

一、能力

（一）能力的含义

能力是直接影响活动效率，保证活动顺利完成的人格心理特征。能力和活动联系紧密，两者的关系主要有两方面：一方面，能力在活动中发展并表现在活动之中，能力存在于活动之中，离开了活动也就无所谓能力；另一方面，从事某种活动必须以某种能力为前提，能力是完成某一活动的必备的、最基本的条件。

（二）能力的类型

1. 能力、才能和天才

按照能力发展的高低程度，可以把能力分为能力、才能和天才。顺利完成某种活动所需要的心理条件是能力；具备了能力所需要的各种心理条件称为才能；一个人不仅具有才能，还使能力所需要的各种心理条件达到了完美的结合，又给人类做出了杰出的贡献，称为天才。

2. 一般能力和特殊能力

一般能力和特殊能力是按能力所表现的活动领域的不同来划分的。一般能力是指在各种活动中必须具备的基本能力。它保证人们有效地认识世界，即认识能力，也称为智力。智力包括观察力、记忆力、思维能力、想象力和注意力等。特殊能力是指完成某种专业活动必须具备的能力。例如，音乐能力包括区别旋律曲调特点的能力、节奏感和音色辨别能力等。

3. 认知能力、操作能力和社交能力

按能力所涉及的领域来划分，可把能力分为认知能力、操作能力和社交能力。认知能力是获取知识的能力，即智力；操作能力是支配肢体完成某种活动的能力，如体育运动、艺术表演、手工操作的能力；社交能力是从事社会交往的能力，如与人沟通的言语交往能力和言语感染力、组织管理能力、协调人际关系的能力等。

4. 模仿能力、再造能力和创造能力

模仿能力、再造能力和创造能力是按照活动中能力的创造性大小进行划分的。模仿能力是指仿效他人的言谈举止而做出与之相似的行为的能力；再造能力是指在活动中顺利地掌握别人所积累的知识和技能，并按现成的模式进行活动的能力；创造能力是指在活动中创造出独特的、新型的、有社会价值的产品的能力，如科学发明、小说创作等。

二、气质

（一）气质的含义

从"气质"一词的渊源来说，它最早起源于古希腊。公元前5世纪，古希腊著名医生希波克拉底和他的学生观察到，不同的人有不同的脾气，对此他们认为，有机体的状态，主要取决于机体内液体（血液、黏液、黄胆汁和黑胆汁）的数量关系。根据这些体液的混合比例中哪一种占优势，就把人划分为哪一种类型。这种体液的混合比例在古希腊语中被叫作"克拉西斯"。古罗马医学家克劳迪亚斯·盖伦又用拉丁语表示了这个概念，其大概思想是指"各个部分应有的相互关系"，泛称为气质。因此，希波克拉底的气质概念一直沿用至今。

那么气质到底是什么呢？从心理学上讲，气质是一个人生来就具有的心理活动的动力特征，是高级神经活动类型在后天行为或活动中的表现，是一个人心理活动发生的速度、强度、稳定性、灵活性和指向性等动力方面特点的综合。

心理活动的动力，是指个体在认识过程中，存在着知觉的速度、思维的灵活性、注意力集中与稳定的时间长短等方面的特征；在情感活动中，也会表现出意志努力程度的差异；在心理指向性上，有人倾向于外部，有人倾向于内部，这种气质的差异性，使得一个人的全部心理活动都染上了个人独特的色彩。

（二）气质的类型

在公元前5世纪，古希腊医生希波克拉底和古罗马医生盖伦就曾提出气质学说。他们认为，人体内有四种体液：血液、黏液、黄胆汁、黑胆汁。血液生于心脏，黏液生于脑髓，黄胆汁生于肝脏，黑胆汁生于胃部，根据这四种体液各自在体内的比例优势，可把人的气质划分为四种类型，即胆汁质、多血质、黏液质、抑郁质。

希波克拉底的这一分类，后来被俄罗斯生理学家和心理学家伊万·彼德罗维奇·巴甫洛夫证实。根据巴甫洛夫高级神经活动的类型学说可知，气质是由人的高级神经活动类型决定的；人的高级神经活动类型是气质的生理基础，气质是高级神经活动类型的外在表现，四种神经活动类型分别与胆汁质、多血质、黏液质、抑郁质相对应。

（三）气质类型的特点

1. 胆汁质

胆汁质的人精力旺盛，直率、热情，行动敏捷，情绪易于激动，心境变换剧烈。这类大学生有理想、有抱负，有独立见解，反应迅速，行为果断，表里如一；不愿受人指挥，而喜欢指挥别人；一旦认准目标就希望尽快实现，遇到困难也百折不挠，但往往比较粗心，其学习和工作带有明显的周期性特点，能以极大的热情和旺盛的精力投入学习和工作中，一旦精力消耗殆尽，便会失去信心，情绪顿时转为沮丧而心灰意冷。

2. 多血质

心理学家把类似燕青、王熙凤等的气质，叫作多血质。具有这种气质的人显得乖巧伶俐，富有朝气，情绪丰富而外露，喜怒哀乐皆形于色。多血质的人喜欢并且善于与人交往，他们的语言表达能力较强且富有感染力，思维灵活且行动敏捷，对各种环境都能很快适应，可塑性也很强。活泼、好动、乐观、灵活是他们的优点，弱点则是缺乏耐心和毅力，稳定性差，容易见异思迁。这类大学生因为性情活泼善于交际，在新的群体生活中很快就会有不少朋友，面对各种挫折常能机智地摆脱困境，在学习和其他活动中肯动脑且主意多，常表现出较强的学习能力和较高的办事效率。因为这类大学生虽然兴趣广泛却缺乏坚持性，所以又经常显得过于浮躁，对很多事情都浅尝辄止，不能充分发挥出自己的潜力。

3. 黏液质

黏液质的人安静，稳重，反应缓慢，沉默寡言，情绪不易外露，注意力稳定难于转移，善于忍耐。这类大学生反应较为迟缓，但无论环境如何变化，都能基本保持心理平衡；凡事深思熟虑，力求稳妥；在各种情况下都表现出较强的自我克制能力；他们外柔内刚，沉静多思，不愿流露内心的真情实感；与人交往时，态度适度，不卑不亢，不爱抛头露面和做空泛的清谈；学习、工作有板有眼，踏实肯干，严格恪守既定的生活秩序和制度。但他们过于拘谨，不善于随机应变，固定性有余而灵活性不足，有墨守成规、因循守旧的表现。

4. 抑郁质

抑郁质属于呆板而羞涩的类型。抑郁质的人在精神上难以承受一定的神经紧张感，常因微不足道的小事而引起情绪的波动。他们极少向外表露自己的情感，内心体验却相当深刻；他们喜欢独处，交往拘束；兴趣爱好少，性格孤僻；在友爱的集体中，他们可能是一个很易相处的人；他们对力所能及的工作认真完成，遇事三思而后行，求稳不求快，因而显得迟缓刻板；他们在学习和工作时易疲倦，在困难面前怯懦、自卑、优柔寡断。

由于人的气质更带有自然的属性，所以气质类型在比较时不能进行社会意义的评价，也就是说，它们之间没有好坏之分。气质的各种类型及其特点都是客观的，虽然参与到人们生活的各个方面，但是它并不决定人的智能水平和成就的高低，它影响的仅仅是智能活动的特点，而不是智能的水准。任何一类气质的人在现实生活中，既可以是优秀的人才，也可能成为碌碌无为之辈，问题的本质不在于人的气质类型及其心理特点，而在于其对生活的信念和追求。

当然，气质在人的行为方式上，也会因类型的不同而各具特点，具体地讲，多血质的人，既可表现出聪明好学、肯动脑筋的特点，也可表现出爱耍小聪明、满足于一知半解的情形；黏液质的人，学习踏实，有条不紊，但同时会让人感到不开窍、反应迟钝；胆汁质的人，学习有韧性，有独立见解，但也较为自负和傲慢；抑郁质的人，思想深沉，学习认真，但疑心重，喜欢幻想。

总之，每一种典型的气质类型，既有积极的一面，又有消极的一面，不能简单地断言哪一种好，哪一种不好。大学生应正确对待自己的气质特点，无论哪种气质类型的人都可以成才。例如，俄罗斯著名文学家亚历山大·谢尔盖耶维奇·普希金、俄罗斯哲学家亚历山大·伊万诺维奇·赫尔岑、俄罗斯著名作家伊凡·安德烈耶维奇·克雷洛夫、俄罗斯批判主义作家尼古莱·瓦西里耶维奇·果戈理·亚诺夫斯基分别属于胆汁质、多血质、黏液质和抑郁质的人，他们在文学领域都取得了杰出的成就。

在这里，还要特别强调的是，以上所讲的气质类型及其心理特点和行为方式，都是典型的气质特点，并且这种特点具有极端性。在现实的社会生活中，这种类型气质的人只是少数，大多数人都属于非典型气质类型，只不过是哪一种类型的特点比较突出罢了。

尽管人的气质类型是与生俱来的，更多地打上了自然的烙印，但是并非不可改变的。事实证明，青年人随着年龄的增长，在环境的影响和熏陶下，经过自身的努力，气质是可以发生某种变化的，这种变化使得人格的塑造更加完美。因此，大学生应当经常有意识地控制自己气质的消极品质，发扬积极品质，有利于形成良好的个性。

三、性格

（一）性格的含义

什么是性格？从心理学上看，性格是指具有核心意义的个性心理特征，是指一个人对周围事物的一种稳固的态度和与之相适应的习惯化了的行为方式的总和。性格是人们具有核心意义的稳定的个性心理特征。这里有两点需说明：其一，性格不是生来就有的，是后天习得的结果，是在社会生活、教育影响和自身实践的基础上长期塑造而成的，是人格的具体体现；其二，这种对现实的态度和行为方式的稳定性，贯穿在人的全部行为活动之中，在类似的甚至是不同的情境中，都以特有的人格特质表现出来。

性格是人们对客观现实的主观反映。神经类型是性格的自然基础，但它并不是性格。性格是神经类型和后天生活环境所形成的暂时联系系统的合金。

（二）性格的特征

1. 态度特征

态度的对象多种多样，包括个人的、集体的、社会的、思想的以及个人的内心世界等。这些对象的性格特征主要有谦虚或自负、自信或自满、自豪或自卑、自尊或羞怯、同情或冷漠。

2. 意志特征

意志是一种设定行为目标，自觉地调节自己，努力克服困难，达到目标的心理品质。意志特征是性格结构的一个重要侧面，它是一个人在控制和调节自己的行为方式时表现出来的。性格的意志特征主要表现在自觉性、果断性、坚定性和自制力方面，如顽强拼搏，当机立断。一个人的性格是坚强的还是脆弱的，是根据意志特征来评判的。

3. 情绪特征

情绪是人们对客观现实态度的一种主观体验。当人对不同的事物产生不同的态度时，在他的内心世界中会产生肯定或否定的体验。每个人都有其稳定而独特的情绪活动方式，这些就构成了性格的情绪特征。

4. 理智特征

人们在感知、记忆、思维、想象等方面的差异，就是性格的理智特征。例如，有的人擅长分析，有的人擅长归纳，有的人程序性记忆能力很强，有的人陈述性记忆能力很强，有的人思路广阔、想象力丰富，有的人思路明确，办法不多却有效。

（三）性格的类型

性格的分类方法很多，而且可以从不同角度来反映一个人性格的某一侧面。以下是常见的三种划分类型。

1. 内向型和外向型

按人格倾向性分类，可把性格分为内向型和外向型。

（1）内向型的人

内向型的人心理活动倾向于内部，其感情较含蓄，处事谨慎，自制力较强，善其于忍耐，富有想象力，情绪体验深刻，但不善社交，应变能力较弱，反应缓慢，易优柔寡断，显得有些沉郁、孤僻、拘谨、胆怯等。

（2）外向型的人

外向型的人心理活动倾向于外部，活泼开朗，善交际，感情易外露，关心外部事物，处世不拘小节，独立性强，能适应环境，但易轻信，自制力和坚持性不足，有时表现出粗心、不谨慎、情感动荡多变等。

2. 理智型和情绪型

按情绪的控制程度分类，可将性格分为理智型与情绪型。

（1）理智型的人

理智型的人常以理智的尺度衡量一切。这种人善于控制自己的情绪，使自己的行为具有明显的理智导向，其自制力强，处世谨慎，但容易畏前缩后，缺少应有的冲劲。如果理智型的人被不健康的意识控制，就可能表现出虚伪、自私、见风使舵、冷漠的态度等。

（2）情绪型的人

情绪型的人情绪体验深刻，举止言行易受情绪左右。这种人待人热情，做事大胆，情绪反应敏感，但情绪易起伏，有时冲动，注意力不够稳定，兴趣易转移。

3. 独立型和顺从型

按个体独立程度分类，可将性格分为独立型与顺从型。

（1）独立型的人

独立型的人倾向于利用自身内在的参照标准，其独立性较强，受暗示性较少，对他人不感兴趣，其社会敏感性较差，不善交际，对抽象的内容特别关注，解决问题不易受定势的影响，比较有创造性。

（2）顺从型的人

顺从型的人倾向于利用外在参照标准，其独立性较弱，受暗示性较强，对他人感兴趣，社会敏感性较强，善于交际，其抗应激能力较差。

第三节　大学生健全人格的培养

一、人格健全的标准

（一）"成熟者"模型

美国心理学家奥尔波特在哈佛大学长期研究高心理健康水平的人，并把他们称作"成熟者"。从他们身上归纳出七个特点：①有自我扩展的能力；②与他人热情交往，关系融洽；③情绪上有安全感，自我接纳；④具有现实性知觉；⑤客观地看待自己；⑥有多种技能，并专注于事业；⑦行为的一致性是其人生哲学。

（二）"自我实现者"模型

美国人本主义心理学家、人类潜能运动的先驱者马斯洛，对"自我实现者"进行了深入研究。马斯洛从"自我实现者"身上归纳出 15 个特点：①了解并认识客观现实，持有较为实际的人生观；②对自己、对他人、对整个自然能够做到最大限度的认同和接纳；③在情绪与思想表达上较为自然；④有较广的视野，就事论事，较少考虑个人利害；⑤喜欢独处，有超俗的品质；⑥有独立自主的性格；⑦对平凡事不觉厌烦，对日常生活永感新鲜，并有高品位的鉴赏力；⑧对事业与生活富有激情，常有高峰体验；⑨能建立持久的友谊；⑩拥有民主的价值观，尊重别人的意见；⑪有伦理观念，能区别手段与目的，绝不为达到目的而不择手段；⑫带有哲学气质，有幽默感；⑬有创见，不墨守成规；⑭对世俗，和而不同；⑮对生活环境有时刻改进的意愿与能力。

（三）"五因素人格"模型

国际上经过半个世纪的研究，在 20 世纪末对五因素人格模型的五个维度的认识逐渐趋向一致，各维度的描述性特质归纳如下。

1. 外向性

外向性的正面表现为健谈，好表现，面部表情丰富，并喜欢做出各种姿势；做事果断，好交友，性格活泼，富有幽默感；情绪容易激动，喜欢刺激的事物，趋向于好动，乐观。其负面表现为沉默寡言，呆滞。

2. 宜人性

宜人性的正面表现为善于为别人着想，似乎总是在与别人互动；富于同情心，直率，体贴人。其负面表现为充满敌对情绪，不友好，给人不信任感，缺乏同情心。

3. 责任性

责任性的正面表现为行为规范，可靠，有能力，有责任心；似乎总是能把事情做好，处处让人感到满意。其负面表现为行为不规范，粗心，做事效率低，不可靠。

4. 情绪稳定性

情绪稳定性的正面表现为情绪理性化，冷静，脾气温和，富有满足感，与人相处愉快。其负面表现为自我防卫，担忧；情绪容易波动，易产生负面情绪，还易产生非理性的想法，难以控制冲动，在压力状况下比他人效果更差。

5. 开放性

开放性的正面表现为对新鲜事物感兴趣，尤其是对知识、各种艺术形式和非传统观念的赞赏；勤于思考，善于想象，知识丰富，富于创造性。其负面表现为自我封闭，循规蹈矩，喜欢固定的生活和工作程序，不善于创造性思考。

（四）综合性评价

国内外的研究表明，健全人格是各种人格特征的完备结合，综合起来有以下特点。

①内部心理和谐发展。人格健全者的需要和动机、兴趣和爱好、智慧和才能、人生观和价值观、理想和信念、性格和气质都朝着健康的方向发展。他们的内心协调一致，言行统一，能正确认识和评价自己的所作所为是否符合客观需求，是否符合社会道德准则，能及时调整个体与外部世界的关系。如果一个人失去他的人格内在统一性，就会出现认知扭曲、情绪失控、行为变态等问题。

②人格健全者能够正确处理人际关系，发展友谊。这样的人在人际交往中显示出自尊和他尊、理解和信任、同情和人道等优良品质。那些嫉妒心很强的人，很难想象他们能在互惠的基础上与人合作；傲慢自大的人也绝不会虚心地倾听别人的意见。人格健全者在日常交往中既不随波逐流，也不孤芳自赏，能够使自己的行为与朋友、同事、同学协调一致。

③人格健全者能把自己的智慧和能力有效地运用到能获得成功的工作和事业上。他们在学习、工作中被强烈的创造动机和热情推动，并且与他们的能力有效地结合起来，从而使他们勇于创造，善于创造，经常有所发现，有所发明，有所建树。成功又为他们带来成就感和喜悦感，并形成新的动机和兴趣，使他们能够得到良性发展。

二、大学生健全人格的培养策略

（一）优化个性结构

良好个性的培养和塑造，需要不断吸收优点，改善不足，从而逐渐达到自我的进一步完善。因此，大学生要不断地探索和了解自我，了解自己的个性类型和特点，扬长避短，逐步优化自己的个性。

（二）锻炼坚忍的意志

韧性，是一种心理的耐力。美国性格心理学测验专家弗朗茨·罗森茨威格最初使用"耐力"这一概念，并将它定义为能够战胜、驾驭心理适应。也就是说，可以抵抗挫折而没有什么不良适应反应的能力。可见，韧性就是一种对困难和挫折的巨大心理承受能力，这无疑是完善人格的又一闪光处。

提高韧性可以从以下几个方面进行。

1. 要有明确的目的性

大学生需要树立积极向上的人生观，建立符合自身能力的奋斗目标。在采取行动之前，为了强化其目的性，有必要反复地扪心自问："我将要做什么？""我的选择有足以说服自己的根据吗？""我预期的目的是什么？""我有为达到目的而不懈努力的心理准备吗？"

2. 要在日常生活中锻炼韧性

韧性的锻炼还需在日常的行为中进行，一个人如果做什么事都有头无尾，不能善始善终，就说明在他的性格中缺少坚韧的品质。为了培养自己的韧性，我们可以尝试一些具体的方法：①要求自己每天早上跑 500 米，或每天睡觉前做 10 个仰卧起坐，坚持半年。②找一本自己喜欢的字帖，制订一个每天 5 个字，每个字写 20 遍的计划，或者要求自己每天记 5 个英语单词，坚持半年。

上述的这些锻炼计划、学习计划，看起来不难落实，但真的做起来，不一定能坚持到底。如果这些计划被落实了，还可以在原来的基础上提高要求，加大难度继续锻炼，你会逐渐发现这种练习对性格的作用。

（三）培养自我调节能力

自我调节是指按照自己的实际情况与社会的要求，主动为自己的思想、道德、学习及行为制定具体的奋斗目标，并对自己的活动进行有意识、有目的的调控。自我调节体现了大学生的自觉性、自信心和主体意识，能激发其潜能，充分调动其主观能动性，使其自身的成长与社会要求相适应。大学生的主体意识表现为强烈的内在心理需求与外部行为方面的主动性。在自我调节的具体过程中，大学生应从自己的实际情况出发，在学习、实践等活动中，不断地进行自我教育和自我管理，提高自我调控能力。

（四）积极参与社会实践

人的任何目标都要通过实践才能达到。大学生正处在自我意识的高度发展阶段，内心希望独立自主，希望参与学校活动和社会实践。只有亲身参与各种社会实践活动，大学生才能加深对社会的认同和理解，真正增强自己的社会责任感。此外，社会是一个大舞台，每个人最终都要在这一舞台上扮演自己的角色，只有到社会生活中去锻炼，才能把握好自己的角色，形成自己独特的人格。因此，大学生在完成学业的前提下，应积极参与学校组织的社会实践和科研活动，以尽快适应未来的社会角色。

（五）加强人际沟通

通过人际沟通，个体可以获得一个深入认识自我的机会。交流应尽可能地扩大范围、层次、领域，为和谐人格的形成构建一个平台。因为拥有健康人格的人能面对现实，适应环境，能保持和谐的人际关系。在人与人的交往中，积极的态度多于消极的态度。在需要的满足中激发进取的力量和信心，发展自我价值感。这样，个体就会在交往中发展富有朝气、团结奋进的乐观品格。

健康人格既是人的整体的重要组成部分，又是社会和谐的基础与载体。健全人格的培养和塑造既是大学生成长发展的要求，也是时代的呼唤。但健全人格的培养不是一朝一夕的事情，需要坚持不懈的努力。同时，美国心理学家马丁·塞利格曼指出："有些改变可以受你控制，而有些不能。所以你最好先做好充分的准备，尽可能多地去了解哪些是你能够改变的，以及你该如何去实施这种改变……改变并不是一件容易的事，往往比我们预期的难得多。这里没有捷径可走，也没有绝妙的方法……有勇气改变你能改变的，平静地接受你改变不了的，智者能分辨出这两者的区别。生活是一个长期的改变过程。"著名的"皮格马利翁效应"故事里少女的雕像最终在皮格马利翁的全部热情和希望中活起来了，如果个体对自己有美好的期许，加上坚持不懈的努力，就一定可以使自己的人格更加完善，从而展现迷人的魅力。

（六）培养高雅的兴趣

历史上，那些有重大建树的科学家也并非整天埋在书堆里。例如，爱因斯坦喜欢拉小提琴；居里夫人爱好旅行、游泳、骑自行车；苏步青爱好写诗，喜欢音乐、戏曲和舞蹈……可见，丰富多彩的兴趣、爱好不仅不会妨碍人们的事业，相反，还可以培养人们的高尚情操，潜移默化地作用于人们的学习、生活和工作中。

对大学生而言，在保证自己的学习任务和社会工作完成的前提下，应该发展健康、高尚、有益于知识增进和性格培养的兴趣。例如，大学生既可以选择音乐、舞蹈等业余爱好，培养自己高雅的气质；也可以选择游泳、足球、武术等运动项目，培养自己勇敢的性格；还可以通过参加棋类、绘画、书法等活动，培养自己耐心细致的性格。

大学生处于即将步入社会的过渡阶段，个性虽已基本定型，但仍有很大的可塑性，只要能正确地认识自己个性当中的优缺点，在社会实践中严格要求和锻炼自己，加强自我教育，就能让自己的个性更加完善。在实际操作中，大学生可将现实生活中具有良好个性的人作为自己的目标或榜样，从点滴小事做起，锲而不舍，经过长期艰辛的锻炼，形成自己的良好个性。

第五章　大学生人际交往与心理健康

在高校里，大学生人际交往已成为一门重要的"必修课"。现今，大学生的和谐人际交往占主流地位，但同学关系、师生关系、网络人际交往关系中也遇到了一些障碍，亟待解决。本章分为人际交往概述、大学生人际交往中的心理障碍、大学生人际交往能力的培养三部分。

第一节　人际交往概述

一、人际交往的含义

人际交往是指人与人之间通过一定方式进行接触，在心理或行为上产生相互影响的过程。人际交往的方式包括直接交往（运用口语、体语等传递信息）和间接交往（借助书面语言、传播工具等传递信息）两种。人际交往是个体最基本的心理需求，就如同生物需要空气、阳光和水分一样。培根曾经说过："人类在相互交往中寻求安慰、价值和保护。"每个人只要活着，都必须与人发生一系列的交往；如果阻断同其他人交往，人就会产生孤独感和恐惧感，感觉被人类世界遗弃，非常痛苦。

1954年，心理学家贝克斯顿等在加拿大的麦克吉尔大学进行了一次感觉剥夺实验。该实验以很高的报酬雇用了一批大学生作为被试者，将他们封闭在有防音装置的小房间里，戴上半透明的保护镜以尽量减少视觉刺激。接着，又戴上木棉手套，并在其袖口处套了一个长长的圆筒。为了限制各种触觉刺激，又在其头部垫上了一个气泡胶枕。除了进餐和排泄的时间以外，实验者要求学生24小时都躺在床上。结果，尽管报酬很高，但几乎没有人能在这项孤独实验中忍耐3天以上。最初的8小时，大学生还能坚持，之后，他们就吹起了口哨或者自言自语，有点烦躁不安了。在这种状态下，即使实验结束后让他做一些简单的事情，他们也会频频出错，无法集中精神了。在第4天时，大学生会出现双手发抖，不能笔直走路，应答速度迟缓，以及对疼痛敏感等症状。实验持续数日后，80%的人出现了幻觉，如不停止实验，则可能使一些人心理变态，精神崩溃。

因此，一个人若不进行必要的社交活动和信息交流，就会感到寂寞、孤独、空虚、压抑。只有在广泛的人际交往中，彼此产生情绪互动，人们的郁闷才能得到排遣，感情才能得到宣泄，思想才会感到充实，精神才能得到满足。

在社会生活中，人们每天都离不开与人打交道。有人估计，大学生每天除了8小时睡眠以外，其余16小时中有70%左右的时间是在进行人际交往。被誉为"成人教育之父"的美国著名企业家、教育家和演讲口才艺术家戴尔·卡耐基曾说："一个人的成功只有15%靠他自己的能力，而85%取决于人际关系。"

二、人际交往的功能

（一）获得信息的功能

人们通过人际交往，可以相互传递、交流信息和成果，丰富自己的经验，增长见识，开阔视野，活跃思维，启迪思想。英国作家萧伯纳说："如果你有一种思想，我有一种思想，彼此交换，每个人都有了两种甚至多于两种的思想。"

（二）自知、知人的功能

交往可以使人"自知"。以他人为衡量自己的尺子和鉴别自己的镜子，在与别人交往中进行比较，认识自己与他人的关系以及自己的社会角色和在集体中的位置，发现自己的长处和不足，选择更恰当的行为。

交往可以使人"知人"。人际交往范围越大，接触的人越多，也就越能了解更多人的品行。知己知彼方能百战不殆，人生的许多经验就是在人际交往过程中积累和丰富起来的。

（三）人际协调的功能

一个人要想取得事业的成功，拥有组织、协调的力量，调动各方面的智慧，就要学会善于与他人合作，因此就离不开人际交往。人际交往可以使单独的、孤立无援的个体，结成一个强有力的集体，能协调人们的行动，避免冲突，提高活动效率。

（四）心理保健的功能

人际交往可以使大学生增进了解，沟通感情，加深友谊，使其心情舒畅，精神愉快，增强幸福感，较少产生不良情绪。即使有了不良情绪，他们也能通过向知心朋友倾诉,得到理解、宽慰,从而化解生活矛盾,消除不良情绪,减轻心理压力,保持心理健康。反之,缺乏人际交往,情感难以沟通,容易产生误解,引发矛盾,导致人际关系紧张。若大量不良情绪郁积于心,最终可能产生心理障碍。

三、大学生人际交往的特点

大学生处于成年初期阶段,还不能履行成人的责任和义务。因此,常被排斥于成人行列之外,处于"边缘地位"。他们既渴求深厚的友情、丰富多彩的交往活动,又时常甘愿享受孤独。

(一)交往愿望迫切

大学生思想比较单纯,精力充沛,兴趣广泛,活泼好动,对人际交往的需要比中学生更加强烈,他们希望通过交往去获得同学的认可、接受、尊重和信任。同时,自主选择也使大学生迫切想与人沟通,多了解他人和社会,多方面获得信息,满足自己多方面的需求。因此,大学生对人际关系的建立抱有积极良好的愿望和迫切的心态。

(二)平等意识强

大学生的交往对象主要是同龄人,由于个人经历、社会经验、认知能力、思想观念都大致相同,大学生比较容易产生平等的心理意识,大学生自我意识的逐渐增强,对独立自尊要求高,也就对交往的平等性要求越来越高。另外,大学生之间是同学关系,不存在较大的利益冲突,且具有共同的学习任务和比较一致的学习目的,学校和老师对他们提出的要求、给予的机会都是平等的,这就使得每个大学生在学校或班级中都是平等的,因此他们的人际关系是比较稳定的,友谊是比较长久的。

(三)注重情感需求

大学生的人际关系比较注重情感需求,比较纯洁、真诚,他们交往动机中功利性少,情感性多。在一项关于大学生交朋友的原因调查中,有51%的人认为交朋友是因为谈得来,42%的人认为是因为有感情,只有5%的人认为是用得着。他们崇尚高雅、真诚、纯洁的友谊,注重情感的沟通和交流,交往的主要目的是获得情感需要的满足感。这种满足既表现为了消除孤独,寻求友谊,在同性中找到情感交流的对象,也表现为通过与异性的交往来满足友谊和爱情的需求。

（四）交往范围大、内容丰富

大学生交往已经不局限于同班同学，而是发展到同级、同学院甚至同校的可认识的所有大学生。交往中，除了寻求友谊、交流学习体会外，还常常在一起探讨人生，传递各种信息等，并参加各种社会活动，关注各种社会现象，使得交往范围越来越广泛。网络通信技术的应用使得信息传递快捷，社会生活节奏加快，身份隐蔽，可以随意表达思想情感的网络交往已成为大学生普遍的人际交往方式，他们的人际交往内容变得更加丰富和多样化。

（五）与异性交往愿望强烈

随着青春期的到来，性心理逐步趋于成熟，大学生的心理也有了许多变化，如自我意识增强，情绪容易波动，爱慕异性，兴趣易转移等。他们渴望在与异性的接触和交往中获得心理上的满足。男女间的正常交往可以满足大学生的心理需求，达到心理平衡，有利于促进心理健康。虽然渴望与异性接触，但大学生在实际交往中往往表现为拘谨、不知所措，不知该如何打开交往局面，甚至因担心他人的闲言碎语而制约了男女间的正常交往。

四、大学生人际交往的原则

大学生只有在人际交往中切实遵循人际交往原则，才可能与他人建立起良好的人际关系。具体来说，大学生需要遵守的人际交往原则有以下几个。

（一）主动原则

我们在交往中总是期待别人接纳自己，喜欢自己。你要别人爱你，你就得给别人以理由；坚持主动原则，给别人爱你的理由，就是你先要接纳别人，先要爱别人。你肯播撒爱的种子，才能有爱的收获。

（二）自立原则

在人际交往上，要防止人际依赖。面对新生活要坚持自强自立，因为新的一段人生旅程要靠自己走。

大学生活伊始，对广大学子而言，首要的任务是尽快适应大学生活的新变化。但学子在适应大学生活的过程中，出现问题是不可避免的，做好心理预防工作，可缩短适应期，使学习早日走上正轨，更有利于自身的健康成长。

（三）正直原则

正则"品"端，直则"人"立。正直是公正坦率，它是人生的脊梁，是立世的风骨，是动机和效果的统一，体现着智慧与境界。大学生在人际交往中坚持正直的原则，主要是指正确、健康的人际交往能力，营造互帮互学、团结友爱、和睦相处的人际关系氛围。

（四）平等原则

平等是交往的基础，是建立良好人际关系的前提。平等本身的含义是广泛的，包含政治、经济、法律等各个方面。

交往中的平等主要是指一种精神和人格上的平等。在实际生活中，交往双方在政治、经济、文化、社会地位方面都是很难完全平等的。也就是说，在现实生活中交往双方存在很多不平等因素。这些不平等因素往往给交往带来困难。例如，地位较优越者往往轻视地位较低者，带有居高临下和盛气凌人的心理；地位较低者难免会产生自卑感，有一种不敢高攀的心理，这就使交往出现障碍。因此，面对一些客观存在的不平等因素，首先要保持心理上、人格上的平等。人格平等意味着独立，双方没有人身依附关系，重视他人的人格和价值，承认他人在人际交往中的平等地位；人格平等意味着尊重，既尊重自己也尊重别人。尊重能带来良性反馈，温暖别人的同时温暖了自己。

（五）信用原则

信用，是指在人与人的交往中，要说真话而不要说假话，要遵守诺言，兑现诺言。信用是忠诚的外在表现，讲信用是相对于他人而言的，没有交往便无所谓信用问题，单独的个人就不存在信用问题。但是，人是离不开交往的，而交往离不开信用。在大学生的人际交往中，取信于人是非常重要的。由于大学生群体的特殊性，他们的信用一般不像社会政治与经济交往中那样受到法律的约束，而主要依靠道德力量来约束。因此，大学生在人际交往过程中，只有真诚待人，才有可能谈得上与别人建立和保持良好的人际关系。社会经验证明，为人与交友最重要、最根本的就是要诚实，诚实才能使人放心，才能取得他人的信任，别人也才能同你推心置腹地交往。信用是大学生结交知己良朋必不可少的前提。大学生也都喜欢同诚实正派的人交往，这样的交往使人有一种安全感。大学生在交往过程中，既要自信，又要信他人，做到互相之间以信相待，以诚相待。

（六）宽容原则

宽容原则要求我们在交往中要辩证地看待别人，既看到别人的优点，也能容忍别人的缺点。当双方发生矛盾和冲突时，只要不是原则性的大问题，都应抱着豁达大度的心态，"退一步海阔天空"，彼此容忍，这样才能保证交往的正常进行。"金无足赤，人无完人"，世界上本没有完美的事物，我们不能对人太过于苛求。宽容不是害怕，不是懦弱，不是窝囊，也不是无能。相反，它是一种豁达，一种度量，一种成功交往的必备素质。有的大学生人际关系紧张，根源就在于苛求别人。

（七）换位原则

在人际交往中，要善于从对方的角度认知对方的思想观念和处事方式，设身处地地体会对方的情感和发现对方处理问题的独特方式等，从而真正理解对方，找到最恰当的沟通和解决问题的方法。

（八）距离原则

人都需要一个独享的心理空间，需要一定的心理自由度。所以，即使人们非常渴望友谊，也要注意保持适当距离，保持各自的自由空间。在人际交往方面，这个"度"就表现为各种交际特点与技巧的集合，每一个人都应该掌握这些技巧。

（九）互利原则

互利原则是要求人们在交往中，双方都能得到好处和利益。这种好处既可以是物质的，也可以是精神的，还可以是物质和精神兼而有之的。互赠礼品，互相安慰，礼尚往来，投桃报李，互利使人际关系得以维持和发展。如果一方只索取不给予，就会使交往中断。互利性越高，交往的双方关系就越稳定、密切；相反，互利性越低，交往的双方关系就越疏远。

五、大学生人际交往的影响因素

（一）外表

爱美之心，人皆有之。一个人的长相、穿着、仪表、风度等，都会影响人们彼此间的吸引，尤其是第一次见面时，仪表这一因素占重要地位。亚里士多德说过："美丽比一封介绍信更具有推荐力。"尽管人人都懂得"以貌取人，失之于人"的道理，但是在人们交往过程中，外貌总是有形无形地影响着人与人之间关系的建立与发展。不过，随着交往时间的增加，外表因素的作用逐渐减少，即随着双方交往的深入，吸引力将会从容貌、体态等外在因素转向个性、品质等内在因素。

（二）邻近性

"远亲不如近邻"，人与人之间时空上的距离是影响人际交往的一个重要因素。邻近性是指如果其他条件相同，人们在时空上越接近，双方交往和接触的机会就越多，彼此间就越容易形成密切的人际关系。

大学生由于经常接触，相互交往的次数较多，容易具有共同的经验、共同的话题和共同的体会，从而建立起较密切的人际关系。

研究表明，随着时间的推移，邻近因素所发挥的作用越来越少。邻近并非一定具有吸引力。个体喜欢的人一般是邻近的人，而讨厌的人一般也是邻近的人，因为邻近增加了对对方缺点的了解，也会因为经常接触而发生矛盾，产生摩擦，阻碍人际交往。

（三）相似性

随着交往的深入，人们在政治、经济、文化、个性等方面的相似性会对彼此的吸引力产生越来越大的作用，即人们喜欢那些与自己相似的人。

俗话说："物以类聚，人以群分。"人与人若对具体事物有相同或类似的态度，有共同的语言，共同的理想、信念和价值观，就容易产生共鸣、同情、理解、支持、信任、合作，从而形成密切的关系。不少大学生因为觉得"我们性格、志趣相投，谈得拢""他有钻劲，有正义感，生活不庸俗，我们有共同语言"等相似性而彼此吸引，成为关系密切的朋友。相似性包括的范围很多，如年龄、教育、经历、态度、价值观等，其中态度是最重要的特征。

（四）互补性

互补是指人的个性表面的差异，由内在的共同观点或看法来弥补。如果相似性是客观因素，那么互补性可视为主观因素，互补实际上是一种主观的需要或动机。

有时两个性格很不相同的人相处很好，并成为好朋友，就是双方都知道自己的长处和短处，都想通过对方的长处来弥补自己的短处，这是一种心理上的需要，基于这种需要，双方可以和睦相处。在人际交往中，倘若交往双方的某些性格呈互补关系，他们就会相互吸引。

（五）才能与专长

大学生比较崇拜和羡慕有真才实学的人。一般来说，一个才能出众或有某方面专长的个体，容易被他人钦佩并欣赏。

美国心理学家埃里奥特·阿伦森的研究结果显示，一个看起来很有才华的人，如果表现出一点小小的过错，或暴露出一些个人的弱点，反而会使人们愿意接近他；如果一个人表现得完美无缺（实际上不存在），倒会使人感到高不可攀，望而却步。

另外，有些小缺点而才能卓越的人对两种人缺乏吸引力。一种是能力较差而自尊心较弱的人，他们对能力较强者有崇拜心理，并可能产生晕轮效应，即认为理想人物总是十全十美的，不应该有任何缺点；另一种是能力较强而自尊心也极强的人，他们对才能出众而连一点小缺点也不能克服的人感到失望，认为这种人不值得被崇拜。在大学生当中，一个人如果才能出众却自视清高，就难以让人喜欢，不会具有很强的吸引力。

（六）个性品质

个性品质实际上是人格美的具体表现，是影响人际吸引的最重要的因素。外表美常常只具有暂时的吸引力，而心灵美才经久不衰。心灵美恰恰包含了个性品质。生活经验告诉人们，一个人具有美的心灵，才会受人欢迎和喜爱，比起容貌和才能，个性品质具有无与伦比的吸引力，这种吸引力持久、稳定、深刻。有利于人际交往的个性品质有真诚、热情、乐于助人、尊重他人、有责任感、谦虚、理智、友善等，其中真诚、热情是人际交往中最重要的品质。而不利于人际交往的品质有虚伪、冷酷、自私、嫉妒、固执、骄傲、自卑、贪婪等。一个具有优秀品质的人会使得他人不由自主地想接近他。当个体拥有良好的个性品质时，他就会拥有许多朋友。也许个体给人的第一印象不尽如人意，也许个体无法与所有的人都有相似的态度、性格和价值观，这些都不是"至关重要"的，关键还在于个体有没有良好的个性品质。

个体了解影响人际交往的因素后，就可以理解人们在日常人际交往中出现的情感和行为，指导大家调整、完善自身，建立和维护良好的人际交往及人际关系。

六、大学生良好人际关系的重要性

（一）促进社会化进程

社会化，就是一个自然人成长为一个社会人的过程。一个人在婴儿时期，只会吃喝拉撒，随着与人的交往，慢慢学会了走路和说话，学会了规范，掌握了知识和技能。一般而言，一个人的人际交往越广泛，了解的社会规范和准则就会越多，适应社会的能力就越强。反之，一个人若不善于交往，则可能难以完成或者延缓社会化进程。

马克思说过，人起初是以别人来反映自己的，即他人是个体的镜子。大学生通过与别人的交流、比较，获得对自己的认识，发现自己的优势和劣势，逐渐摆脱自我中心的倾向，学会了与人平等、和谐地相处，养成了遵纪守法的习惯，从而自立于社会，发展为一个成熟的人。

（二）保障身心健康

心理学家认为，人类的心理适应主要表现在对人际关系的适应；人类的心理变态，主要源于人际关系失调。人际关系状况直接关系到大学生的身心健康。良好的人际关系能使人获得安全感和归属感，给人以精神上的愉悦感和满足感，促进身心健康；不良的人际关系，可干扰人的情绪，使人产生焦虑、紧张和抑郁的情绪；严重不良的人际关系，还会使人惊恐、痛苦、憎恨或愤怒。现代医学研究表明，恶劣的情绪实际上是对身心健康的最大摧残，若任其泛滥，即使再好的营养补品、再佳的健康锻炼，也无法达到强身健体的功效。英国文艺复兴时期最主要的思想家、哲学家、科学家培根曾说，友谊的一大奇特的作用是，如果你把快乐的事情告诉一个朋友，你将得到两倍的快乐感，而如果你把忧愁向一个朋友倾吐，你将被分掉一半忧愁。良好的人际关系是保障身心健康的重要因素。

（三）助力事业成功

良好的人际关系是大学生脱颖而出、通往成功的桥梁。一个人具备了完成成功事业的真才实学和良好的道德修养，如有良好的人际关系和正确的处世技巧，将有助于事业的成功。机遇会偏爱有良好人际关系的人。良好的人际关系之所以能为一个人事业的成功创造良好的环境，主要有以下几个原因。

①良好的人际关系能够促进人们团结协作、共同奋斗，充分发挥群体的效能。据美国学者统计，在诺贝尔奖设立的第一个25年中，合作研究的获奖者占获奖总人数的41%；在第二个25年中，比例上升到65%；第三个25年中，该比例飙升到79%。随着现代科学技术的快速发展，许多工作任务已经不能再靠个人的力量来完成，而需要众人的共同协作，有良好人际关系的人更容易获得别人的鼎力相助。

②良好的人际关系能够促进人们之间的信息交流和信息共享。孔子曰："独学而无友，则孤陋寡闻。"现代社会信息量激增，一个人即使是学富五车，也不过是沧海一粟。但通过交往，人们能快速地获取多种信息，拓展思路，丰富知识。因此，良好的人际关系是大学生获取信息、交流思想的有效途径。

（四）提升幸福感

幸福是人们生活的终极目的。心理学家通过广泛的调查和研究发现，良好的人际关系是人生幸福重要的影响因素。人生的美好是人情的美好，人生的幸福是人际交往的丰富。人生的幸福构建在物质生活和精神生活的基础上。良好的人际关系有利于人在物质生产过程中充分发挥创造力和积极性，增加物质财富的生产，丰富人们的物质生活；也使得人与人之间的物质交往渠道畅通，互通有无，互利互惠，从而得到更多的物质享受。同时，良好的人际关系有利于满足人们的心理需要。按照马斯洛的需要层次理论，人有多种层次的需要，需要的满足必须依赖于人际交往。良好的人际关系能使人从中汲取力量和勇气，使人在碰到困难挫折时，及时得到别人的关心和帮助；在人与人的交往中，交流思想，相互理解、信任和支持，使人容易形成乐观、自信、积极的人生态度，从而提升幸福感。

第二节　大学生人际交往中的心理障碍

一、自负心理

自负的人只关心个人的需要，强调自己的感受，在人际交往中表现为目中无人。与同伴相聚，不高兴时会不分场合地乱发脾气，高兴时则海阔天空、手舞足蹈地讲个痛快，全然不考虑别人的情绪和感受。另外，在对自己与别人的关系上，过高地估计了彼此的亲密度，讲一些不该讲的话，这种过分的行为，反而会使人出于心理防范而与之疏远。

（一）自负的特征

1. 自视过高，很少关心别人，与他人关系疏远

自视过高，很少关心别人，与他人关系疏远的人时时事事都从自己的利益出发，从不顾及别人；不求于人时，对人没有丝毫的热情，似乎人人都应为他服务，结果落得门庭冷落。

2. 看不起别人，总认为自己比别人强很多

看不起别人，总以为自己比别人强得多的人固执己见，唯我独尊，总是将自己的观点强加于人；在明知别人正确时，也不愿意改变自己的态度或接受别人的观点，总爱抬高自己、贬低别人，把别人看得一无是处。

3. 过度防卫，有明显的嫉妒心

过度防卫、有明显的嫉妒心的人有很强的自尊心，当别人取得一些成绩时，其嫉妒之心油然而生，极力去打击别人、排斥别人；当别人失败时，这种人会幸灾乐祸，不向别人提供任何有益的帮助。同时，在别人成功时，这种人常用"酸葡萄心理"来维持自己的心理平衡。

（二）形成自负的原因

1. 宠溺式的家庭教育

家庭教育是一个人产生自负心理的第一根源。对青少年来说，他们的自我评价首先取决于周围的人对他们的看法，家庭则是他们自我评价的第一参考系。父母过度宠爱、夸赞、表扬，会使他们觉得自己"相当了不起"。

2. 生活中的一帆风顺

人的认识来源于经验，生活中遭受过许多挫折和打击的人很少有自负的心理，而生活中的一帆风顺，则很容易养成自负的性格。现在的大学生大多是独生子女，是父母的掌上明珠，如果他们在学校又出类拔萃，就会养成自傲和自负的个性。

3. 片面的自我认知

自负者缩小自己的短处，夸大自己的长处。自负者缺乏自知之明，对自己的长处看得十分重要，对自己的能力评价过高，对别人的能力评价过低，自然产生自负心理。当一个人只看到自己的优点、看不到自己的缺点时，往往会形成自负的个性。这种人往往好大喜功，取得一点小小的成绩就认为自己了不起，成功时完全归因于自己的主观努力，失败时则完全归咎于客观条件，过分自恋和以自我为中心，把自己的举手投足都看得与众不同。

4. 情感上的原因

一些人的自尊心特别强烈，为了维护自尊心，在交往中遇到挫折时，常常会产生两种既相反又相通的自我保护心理。一种是自卑心理，通过自我隔绝，避免自尊心进一步受伤害；另一种就是自负心理，通过自我放大，获得自卑不足的补偿。例如，一些家庭经济条件不好的大学生，怕被经济条件优越的同学看不起，于是装清高，在表面上摆出看不起这些同学的样子。这种自负心理是自尊心过分敏感的表现。

(三)减少自负的负面影响

对青少年来说,在适当的范围内,自负可以激发他们的斗志,帮助他们树立必胜的信心,坚定战胜困难的信念,使他们能勇往直前。但是,自负又必须建立在客观现实的基础上,脱离实际的自负不但不能帮助人,反而会影响生活、学习、工作和人际交往,严重的还会影响心理健康。

首先,接受批评是根治自负的最佳办法。自负者的致命弱点是不愿意改变自己的态度或接受别人的观点,接受批评即针对这一特点提出的方法。这种方法并不是让自负者完全服从于他人,只是要求他们能够接受别人的正确观点,通过接受别人的批评,改变过去固执己见、唯我独尊的形象。

其次,与人平等相处。自负者视自己为上帝,无论是在观念上还是行动上都无理地要求别人服从自己。平等相处就是要求自负者以一个普通社会成员的身份与别人平等交往。

再次,提高自我认识。要全面地认识自我,既要看到自己的优点和长处,又要看到自己的缺点和不足,不可"一叶障目,不见泰山"。抓住一点不放,会失之偏颇。对自我不能孤立地去评价,应该放在社会中去考察。每个人都有自己的独到之处,都有他人所不及的地方,同时又有不如人的地方,与人比较不能总拿自己的长处去比别人的不足,把别人看得一无是处。

最后,要以发展的眼光看待自负,既要看到自己的过去,又要看到自己的现在和将来。

二、嫉妒心理

嫉妒是一种消极的心理品质,是对他人的成就、名望、品德、优越地位及既得利益的不友好的、敌视与憎恨的情感。有嫉妒心理的人把强于自己的人看作对自己的威胁及自己前进路上的绊脚石,因而对他人感到不悦,甚至产生怨恨、愤怒的烦躁情绪。嫉妒心理是一种积极地想排除别人超越地位的心理状态,具有破坏和憎恨的感情色彩,是妨碍大学生人际交往的最卑劣的情感。有这种心理的大学生在交往中表现出强烈的排他性,并很快导致如中伤、怨恨、诋毁等妒忌行为的发生。而更强烈的嫉妒心理还具有报复性,把嫉妒对象作为发泄的目标,使其蒙受巨大的精神损伤甚至肉体损伤。

嫉妒心理的发展有以下几个阶段:①嫉妒心理程度较浅阶段,往往深藏于不易察觉的潜意识中,如自己与某同学相处很好,对其优势、名誉、地位等并不想施以攻击,不过每念及此,心中总会感到有一些淡淡的酸涩味;②嫉妒心理程度较深阶段，是由强度较浅的嫉妒发展而来的，其标志是当事人的嫉妒心理不再完全潜藏，而是自觉或不自觉地显露出来，如对被嫉妒者做间接或直接的挑剔、造谣、诬陷等；③嫉妒心理程度非常强烈阶段，嫉妒者已丧失了理智，向对方做正面的直接攻击，这往往会导致极端行为的发生。

（一）嫉妒心理的特征

1. 普遍性

大学生的嫉妒心理是普遍存在的。无论是男生还是女生，也无论是低年级同学还是高年级同学，每个同学或多或少都有嫉妒心理，只不过有的人嫉妒心理较强，而有的人嫉妒心理较弱。

2. 潜隐性

大学生的嫉妒心理一般不表现在表面上，而是深藏于内心之中。因为大学生担心别人若知道他们有嫉妒心理会疏远他们，但又不服别人的成就。

3. 临近性

大学生嫉妒的对象往往是其身边的同学，甚至是十分要好的朋友。

4. 社会性

大学校园是一个浓缩的小社会，嫉妒心理是在这个特殊的小社会中逐步形成和表现出来的。

5. 挫折感

嫉妒者会有一种无法摆脱、充满压抑和矛盾的挫折感，他们不愿承认和面对现实，但他们又不甘落后，对方的任何进步对于这种人而言都是挑战。为此他们终日闷闷不乐，精神萎靡。

（二）嫉妒心理产生的原因

嫉妒心理的产生源于两种错误的认识：一是认为别人取得了成就，就说明自己没有取得成就，别人成功了就说明自己失败了；二是认为别人的成功就是对自己的威胁，是对自己利益的侵害。嫉妒的产生离不开人们生活环境和心理空间中所发生的各种事件。大学生产生嫉妒心理的原因主要有以下几个方面。

1. 失宠心理

大学生被认为是"天之骄子"，他们经历了中考、高考的层层筛选，在中小学时期都是同龄人中的佼佼者，受到老师、同学和亲戚朋友的广泛关注，特别是深受教师的器重。而进入大学后，大学生活独立自主的特点使教师不再密切关注学生的一举一动，某些学生就会产生失宠的感觉。而鉴于各种大学生团体的独立性和自立性，必定发掘出一批能力较强的大学生干部，并为大学生提供了发挥各自特长的舞台。在相互的对比中，有失宠心理的大学生更容易消极地看待自我的行为及其结果，从而失去心理平衡。

2. 失落感

由于大学生对大学生活很憧憬和向往，某些大学生往往把大学生活想象得过于美好，在主观上把大学生活理想化，而进入大学后发现大学生活是现实的，并非想象中那么完美。理想与现实的差距使这类学生不可避免地产生某种程度的失落感，这种失落感导致其产生各种消极情绪，嫉妒心理即其中的一种。

3. 委屈感

现代社会是一个充满竞争的社会，大学更是如此。在竞争中难免出现难分上下而又不得不有所区分的情况，其中一方可能会感到委屈，进而对另一方产生嫉妒心理。

4. 匮乏感

中学生与社会接触较少，阅历浅，而进入大学后，学习、生活都不同于中学阶段，大学里的学术氛围浓厚，并涉及各门学科、各个科学领域。大学的开放性和社会性更强调学生的实践能力，学生要接触的事件更加现实化、社会化，其要接触的人员更复杂，于是个别大学生会产生匮乏感，从而产生自卑、恐惧等心理情绪，在有意或无意中与别人进行对照，就极易产生嫉妒心理。

（三）嫉妒心理的克服

嫉妒心理这种"平庸的情调对于卓越才能的反感"，常导致害人害己的不良后果，大学生应学会理智地处理嫉妒心理。

1. 正确地看待人生的价值

正确地看待人生的价值，你就能摆脱一切私心杂念，心胸开阔，不计较眼前得失，更不会花时间和精力嫉妒他人的成就了。一个埋头于自己的事业追求的人是无暇顾及别人的事的。一个人没有理想，胸无大志，无所事事，就会挑别人的刺，寻别人的短，自己不思进取，却去阻碍他人前进，唯愿众人都平庸度过一生。

2. 发挥自我优势

金无足赤，人无完人，每人都有自己的优势和长处。追求万事超人前既无必要，也不可能。大学生要全方位地认识自己，既看到自己的长处，又正视自己的缺陷，扬长避短，发现并开拓自身的潜能，不断提高自己，力求改善现状，开创新局面。

3. 培养达观的人生态度

人生就是一个大舞台，各得其所，各有归宿。大学生要有勇气承认对方比自己更高明更优越的地方，从而重新认识自己。这样就能从病态的自尊心和自卑感中解放出来，从嫉妒的泥潭中自拔出来。

4. 加强沟通，加深理解

许多嫉妒心理是由误解产生的。嫉妒者误认为对方的优势会对自己造成损害，从而耿耿于怀。所以，大学生要打开心扉主动接近别人，加强心理沟通，避免产生误会，即使产生了也要及时妥善地解决。

三、猜疑心理

《三国演义》中有这样一段描写：曹操刺杀董卓败露后，与陈宫一起逃至吕伯奢家。曹吕两家是世交，吕伯奢一见曹操到来，本想杀一头猪款待他。可是曹操因听到磨刀之声，又听说要"缚而杀之"，便大起疑心，以为他要杀自己，于是不问青红皂白，拔剑误杀无辜。这是一出由猜疑心理导致的悲剧。猜疑是人性的弱点之一，历来是害人害己的祸根，是卑鄙灵魂的伙伴。一个人一旦掉进猜疑的陷阱，必定处处神经过敏，事事捕风捉影，对他人失去信任，对自己也同样心生疑窦，损害正常的人际关系，影响个人的身心健康。

猜疑是人际交往中一种不好的心理品质，可以说是友谊之树的蛀虫。正如英国哲学家培根所说："猜疑之心犹如蝙蝠，它总是在黄昏中起飞。这种心理是迷惑人的，又是乱人心智的。它能使你陷入迷惘，混淆敌友，从而破坏人的事业。"具有猜疑心理的人，往往先在主观上假设他人对自己不满，然后在生活中寻找证据。带着以邻为壑的心理，必然把无中生有的事实强加于人，甚至把别人的善意曲解为恶意。这是一种狭隘的、片面的、缺乏根据的盲目想象。

（一）猜疑心理的表现

生活中我们常会碰到一些猜疑心很重的人，他们整天疑心重重、无中生有，认为人人都不可信、不可交。如果看见别人在窃窃私语，就以为在说自己的坏话；别人无意之中看自己一眼，以为别人不怀好意，别有用心；每当自己做错了事，即使别人不知道，也怀疑别人早就知道，好像正盯着自己似的；别人无意之中说了一句玩笑话也以为在讥讽自己；怀疑别人对自己的真诚，认为这些都是虚假的，整个世界都是罪恶的，自己没有一个可以谈心的朋友；经常感到孤独、寂寞、心慌、焦虑；总觉得别人在背后说自己坏话，或给自己使坏。喜欢猜疑的人特别注意留心外界和别人对自己的态度，对别人脱口而出的一句话很可能琢磨半天，努力发现其中的"潜台词"。这样便不能轻松自然地与人交往，久而久之，不但自己的心情不好，而且影响人际关系。这种人心有疑惑却不愿说出来，也较少与人交心，整天闷闷不乐、郁郁寡欢。由于自我封闭阻隔了个体与外界的联系，妨碍感情交流，这种人将会由怀疑别人发展到怀疑自己、失去信心，变得自卑、怯懦、消极、被动。

（二）造成猜疑的原因

1. 作茧自缚的封闭思路

猜疑一般总是从某一假想目标开始，最后又回到假想目标，就像一个圆圈一样，越画越圆。最典型的例子就是"疑人偷斧"的寓言：一个人丢失了斧头，怀疑是邻居的儿子偷的。从这个假想目标出发，他观察邻居儿子的言谈举止、神色仪态，觉得无一不是偷斧者的样子，思索的结果进一步巩固和强化了原先的假想，他断定邻居的儿子就是贼。可是，不久这个人在山谷里找到了斧头，再看那个邻居的儿子，竟然一点也不像偷斧者。现实生活中猜疑心理的产生和发展，几乎都与这种封闭性思路主宰了正常思维密切相关。

2. 对环境、对他人、对自己缺乏信任

曹禺曾说："长相知，才能不相疑。"反之，不相知，必定长相疑。不过，"他信"的缺乏，往往又与"自信"的不足相联系。疑神疑鬼的人看似怀疑别人，实际上是对自己有怀疑，至少是自信心不足。有些人在某些方面自认为不如别人，因此，他们总以为别人在议论自己，看不起自己，算计自己。一个人越自信，越容易信任别人，越不易产生猜疑心理。

3. 对交往挫折的自我防卫

有些人以前由于轻信别人，在交往中受过骗，蒙受了巨大的精神损失，遭受了重大的感情挫折，结果万念俱灰，不再相信任何人。

（三）猜疑心理的克服

猜疑的人通常过于敏感。敏感并不一定是缺点，对事物敏感的人往往很有灵

气，有创造力；但如果过于敏感，特别是在与人交往时过于敏感，就需要想办法加以控制了。具体可采用以下几种方法控制猜疑心理。

1. 用理智力量克制冲动情绪的发生

当猜疑者发现自己开始怀疑别人时，应当立即寻找产生怀疑的原因，在形成思维之前，引进正反两个方面的信息。例如，"疑人偷斧"中的那个农夫，如果失斧后冷静想一想，斧头会不会是自己砍柴时忘了带回家，或者挑柴时掉在路上，那么，这个险些影响他与邻人关系的猜疑心理，或许根本就不会产生。现实生活中许多猜疑心理，戳穿了是很可笑的，但在戳穿之前，由于猜疑者的头脑被封闭性思路主宰，这种猜疑心理显得顺理成章。此时，冷静思考显然是十分必要的。

2. 培养自信心

每个人都应当看到自己的长处，培养起自信心，相信自己会处理好人际关系，会给别人留下良好的印象。这样，当我们充满信心地进行工作和生活时，就不用担心自己的行为，也不会随便怀疑别人是否会挑剔、为难自己了。

3. 学会自我安慰

一个人在生活中，遭到别人的非议和流言，与他人产生误会，没有什么值得大惊小怪的。一个人在一些生活细节上不必斤斤计较，这样就可以避免烦恼。如果一个人觉得别人怀疑自己，应当安慰自己不必为别人的闲言碎语纠缠，不要在意别人的议论，这样不仅宽慰了自己，还取得了一次小小的精神胜利，产生的怀疑心理自然就烟消云散了。

4. 及时沟通，解除疑惑

尽管每个人都可能会被误会，但是我们要有解除误会的能力与办法。如果误会不能尽快得到解除，就会发展为猜疑心理。猜疑心理不能及时得到解除，就可能导致不幸。所以，猜疑者最好与自己"怀疑"的对象开诚布公地谈一谈，以便弄清真相，解除误会。猜疑者生疑之后，冷静地思索是很重要的，但冷静思索后如果疑惑依然存在，那就该通过适当的方式，与被猜疑者进行推心置腹的交流。若存在误会，则要及时消除；若看法不同，通过谈心，了解对方的想法，也很有好处；若真的证实了猜疑并非无端的，则心平气和地讨论，也有可能使问题得到有效解决。

四、自卑心理

自卑，是指个体由于一些条件上的限制和认识上的偏差，认为自己在某个方面或某些方面不如别人，从而产生的轻视自己、失去自信的一种情绪体验。不管这种自卑感是否客观存在，一个人只要有这种思维方式，都会认为自己不行。产生自卑感的原因有很多，如认为自己不够漂亮、学习成绩差等。自卑感较强的大学生的共同点是对自己不满意，不相信自己，即使目前很顺利、很成功，也处在担心、忧虑的状态。这样的大学生在人际交往中，常常处于被动的地位，即使别人主动与其交往，他们也会表现出焦虑的情绪。

阿德勒认为人人都有自卑感，自卑感是每个人在追求更加优越的地位和完美的人生的过程中必然会出现的心理反应，并不是坏的情感。每个人只有看到自己的不足，才会产生赶超的力量，达到新的目标后又会发现新的不足，于是再向新的更高的目标前进，在自卑感与优越的距离不断缩小而又拉开的过程中，人们不断地完善了自己。

（一）自卑心理的特征

1. 泛化性

具有自卑心理的大学生，往往会因为某一方面的失败，落后于人，而把自己看得一无是处，全盘否定自己。一个在学习上不如别人的大学生，往往会认为自己的语言不够幽默，衣着不适宜，举止太笨拙，等等。自卑情绪的这种泛化性特点，使具有自卑心理的人无法看到自己的优点。

2. 敏感性与虚荣性

自卑心理严重的大学生，在与人交往中，对他人的态度、评价等表现得特别敏感，女性自卑者更是如此。几个同学的小声议论会被自卑者认为是在议论其缺点；身材矮小的人在同学议论高矮时，总是借故避开等，这些都是自卑者敏感性与虚荣性的表现。

3. 掩饰性

有自卑心理的大学生对自己主观上认为的缺点总是设法掩饰，生怕别人知道。具有自卑心理的大学生往往对自己的不足和别人对此的评价很敏感，常把别人无关的言行看成对自己的轻视。由于他们担心自己的缺陷被人知道，因而特意加以掩饰或否认。

（二）自卑心理产生的原因

1. 自我评价过低

自卑者在对自己的身材、外貌、学习、交往等各方面能力的评价上，往往看不到自己的长处与优势，而是夸大自己的不足。他们在认识和评价自己时，进行的是一种不正确的社会比较，即拿自己的短处去比别人的长处，其结果是越比越泄气、越自卑。有些大学生由于学业上、工作上成绩平平，无出色表现而过低估计自己的才智水平，甚至对自我认识较消极，认为自己"处处不如别人"。于是，自卑者在交往中过于拘谨，放不开手脚，担心自己成为笑料或被人算计。

2. 消极的自我暗示

有自卑心理的大学生，惯于进行自我暗示，对自己的期望值总是很低，在进行任何活动之前，常对自己进行"我不行""我很难成功"的消极自我暗示。这种自我低估的倾向使他们不相信自己的力量，抑制了能力的正常发挥，结果必然造成活动的失败，而失败又似乎证明了他们早先过低的自我评价与期望，从而强化了他们片面的自我认识，增强了他们的自卑感。自卑者大多对自己的性格、气质特征有些了解，但他们对自身存在的不利于交往的性格特征，总表现出无能为力的态度，"江山易改，禀性难移"。例如，那些自认为性格怯懦、抑郁低沉、反应迟缓者，多不敢主动结交朋友，常常独来独往。

3. 不当归因

大学生对自己学习与交往成功与失败的不当归因也是自卑心理产生的认知原因之一。

4. 潜意识中的自负

潜意识中的自负是大学生自卑心理产生的深层原因。许多人在行为中表现出的自卑、自我贬低是由他们心灵深处的自负引起的。在他们的潜意识中，他们以为别人能做到的他们都能做到，别人有的他们也都有，总认为无论是外形长相还是学问才识，自己都要比别人高些。这使得他们在现实生活中容不得自己落后于别人，一旦遇到挫折，他们就很快走向原有状况的反面，产生自卑心理。

5. 理想的自我与现实的自我的冲突

当代大学生由于入学竞争的艰难，因此都为自己设计了一个令人羡慕的理想的自我：外表英俊、才能拔萃、受人尊重……但现实的自我总是与理想的自我有很大距离，两相对照，就会有自惭形秽、自我不满之感，从而形成自卑心理。

（三）自卑心理的调适

自卑感是心理暂时失去平衡的一种心理状态，对此可以通过补偿的方法来加以调适。这种补偿方法有消极和积极之分。有的青年明知自己能力不强，却故作姿态，甚至以奇异的打扮来引人注意，借以弥补自己内心的空虚。这种消极的补偿方法是不可取的，而积极的补偿方法有以下几种。

1. 正确地认识自己

俗话说，"尺有所短，寸有所长""金无足赤，人无完人"。每个人都有自己的长处与短处，既比上，又比下；既比优点，也比缺点。跟下比，看到自身的价值；跟上比，鞭策自己求进步。这样，就会得出"比上不足，比下有余"的结论。世上任何人都逃脱不了这个公式，明白了这一点，心理也就取得了平衡点。看到长处是为了培养自信心，但也必须承认自己身上存在的短处，如生理缺陷、知识的不足、经验的欠缺等。对于导致自卑的因素要积极地进行补偿，一是"笨鸟先飞，以勤补拙"；二是扬长避短，有些缺陷已成定局，但是可在别的方面进行补偿。

2. 正确地暗示自己

自卑本身就是消极的自我暗示，如果一个人在做事之前就对自己说"我不行""我没用""我不会干"，就真的干不好，这种消极的暗示导致不必要的精神紧张和精神负担，使自己的内心充满失败感，做事情时就会束手束脚、畏首畏尾，其主动性、创造性会受到压抑，自然就不会成功。

因此，大学生要勇敢地暗示自己"我能行""别人能干的事，我也能干""有志者事竟成""事在人为""坚持就是胜利"等，这样会增加自己战胜困难与挫折的力量，成功就会向我们招手，自卑心理也就逐渐被丢在脑后。要避免使用否定自己的语言，打开积极进取、乐观自信的思维大门。

3. 正确地表现自己

大学生如果认识到自己的长处，就要大胆地表现，扬长避短，在人群中树立一个新形象。要相信自己的能力与价值，如面对一次发言、一次竞赛、一次属于你的机会时，要积极自信地去做、去尝试，退缩与回避的行为只能让你产生自责、懊悔与失意的心理。要注意循序渐进，先表现自己最拿手、最容易取得成功的事情。如果取得了一次成功，你就会惊异地发现自己做得较好，这样自信心就会增强。再去尝试稍难一点的事，以积累第二次成功，接着取得更多的成功。

不要总认为别人看不起你而离群索居。你自己瞧得起自己，别人也不会轻易小看你。能不能从良好的人际关系中得到激励，关键还在自己。要有意识地在与周围人的交往中学习别人的长处，发挥自己的优点，多从群体活动中培养自己的能力。这样可预防因孤陋寡闻而产生的畏缩躲闪的自卑感，自卑心理就被逐步克服了。

4.调整理想的自我

调整理想的自我有两方面含义：一是指降低自我期望的水平，努力使理想的自我的内容符合自我所能做出努力的程度，不过分追求完美，或对自己提出过高的要求，也就是避免给自己定一个不切实际的、过于理想和美好的目标，造成理想的自我与现实的自我的差距过大。一个人不能没有理想，但理想的建立一定要从自身的实际情况出发。理想标准的确立应当以自己通过努力能够实现为原则，只有这样，才会在实践中不断取得成功，增强自信心。二是指改变思维方式中某些不合理的观念。

总之，克服自卑心理的关键在于，必须有坚定的自信心和决心，这样就可以把自卑心理转化为自强不息的动力，使自己在生活和学习中成为一个强者。

自卑是心理问题最主要的症结之一，一位著名的心理学家认为，所有心理障碍的原因都能归结到自卑上来。

五、害羞心理

害羞是指面对新环境中的交往活动，羞于同别人交往的一种心理反应，主要表现为腼腆、胆怯、拘谨，动作不自然，说话的声音小。害羞是造成大学生人际交往出现障碍的主要原因之一。有些大学生在许多交往活动中会习惯性地出现紧张反应，如脸红、结巴、心慌、心跳加快，甚至颤抖、出汗，特别是在面对权威人士、老师、暗恋的人等重要人物时更是如此。这类大学生总觉得自己做错了什么，给人缺乏自信的感觉。

害羞束缚了一个人的言行，使大学生无法充分表达自己的愿望和情感，在人际交往中失去主动性，也使得他们不能充分利用交往机会发展自己和满足自己的需要。害羞具有情境性，脱离了交往情境，害羞反应会自动消失。

害羞这一交往心理障碍对大学生的直接危害是使交往者无法表达自己的心声与情感，常常造成交往双方的误解，使交往以失败告终；其间接危害则是会导致交往者情绪与性格的不良变化。害羞会使人在交往失败后产生沮丧感、焦虑感和孤独感，让人饱尝形影相吊的痛苦感，使人处在孤立无援、愁苦、不安和恐惧的情绪状态，进而导致性格上的变异，软弱、退缩和冷漠。

（一）害羞心理的表现

害羞心理主要表现在以下几个方面。

①站在陌生人面前，总感到有一种无形的压力，似乎自己正在被人审视，不敢迎视对方的目光，感到极难为情。

②与他人交谈时，面红耳赤，虚汗直冒，心里发慌。即使硬着头皮与他人说几句话，也是前言不搭后语，结结巴巴的。

③不善于结交朋友，于是常感孤独，常因不能与人融洽相处或不能充分发挥自己的才能而烦恼；不善于在不同场合对事物坦率地发表个人的意见或评论，因此不能有效地与他人交换意见，给人以拘谨、呆板的感觉。

④常感到自卑，在学习和生活中往往考虑的不是取得成功，而是不要失败。

（二）害羞心理的成因

1. 先天原因

有些人生来性格内向，气质属于黏液质、抑郁质类型，他们说话低声细语，见到陌生人就脸红，甚至常怀有一种胆怯的心理，举手投足、寻路问津也思前想后。

2. 挫折的经历

据统计，约有四分之一害羞的成人在儿时并不害羞，但是在长大后却变得害羞了，这可能与遭受过挫折有关。这种人以前开朗大方，交往积极主动，但出于复杂的主客观原因，屡屡受挫后变得胆怯畏缩、消极被动。

3. 家庭教育不当

过分保护型与粗暴型的家庭教育方式都可造成子女怯懦的性格。在过分保护型的家庭教育方式中，家长代替了子女的思想和行为，子女缺乏经验，生活办事能力差，单纯幼稚，遇事便会感到紧张、恐惧、焦虑；而在粗暴的家庭教育方式中，家长剥夺了子女思维和行动的机会，子女时常担心遭批评和斥责，遇事便会感到紧张、焦虑、消极、被动。有些家长对子女的胆小不加引导，子女见到陌生人或到了陌生的地方，便习惯性地害羞、躲避，没有自信心。儿童进入青春期后，自我意识逐渐加强，对别人的评价较为敏感，他们希望自己的"光辉形象"能够留在别人的心目中，他们对自己的一言一行非常重视，唯恐有差错。这种心理状态导致了他们在交往中生怕被别人耻笑，因此表现得不自然、紧张、腼腆。久而久之，便羞于与别人接触，羞于在公开场合讲话。对此，家长应给予正确指导，鼓励青少年大胆、真实、自然地表现自己，否则他们的害羞心理会越来越严重。

4. 缺乏自信和实践锻炼

有些人总认为自己没有迷人的外表，没有过人的本领，属能力平平之辈，因此他们在交往中没有信心，患得患失。长期的谨小慎微的心理不仅使他们体验不到成功的喜悦感，反而使他们更加不相信自己的能力，而且多数大学生生活比较顺利，缺乏实践锻炼的机会，往往会导致他们产生害羞心理。

（三）克服害羞心理

要想克服害羞心理，就需要做到以下几个方面。

1. 学会交往

学会交往也是帮助害羞者摆脱障碍的有效方法。害羞者可以在与人交往中观察别人是怎样交往的，特别是要观察两类人：一类是交往成功者，看看他们为什么总是交往的中心，为什么能将各种复杂的交往方法运用得得心应手；另一类是从害羞中走出来的人，要向他们学习。在日常学习和生活中，应多考虑自己要怎么做：在各种社交场合中，应顺其自然地表现自己，不要担忧别人是否注意你。与人交往，特别是与陌生人交往，要善于把紧张情绪放松。使用一些平静、放松的语句，进行自我暗示，常能起到缓和紧张情绪、减轻心理负担的作用。交往时要注意一些技巧，例如，当你与对方交谈时，你的眼睛要看着对方，并将注意力集中于对方的眼睛上，这样可以提高你对对方的注意力，降低对方对你的注意力；在连续讲话中不要担忧中间会有停顿，因为停顿一会儿是谈话中的正常现象；在谈话中，当你感觉脸红时，不要试图用某种动作掩饰它，这样反而会使你的脸更红，进一步增强你的羞怯心理。

2. 增强体质

户外锻炼，是增强神经系统的最有效方法。性格内向、气质为黏液质或抑郁质的人，其神经系统比较脆弱，容易兴奋，其通过体育锻炼可以增强体质，其过度的神经反应会得到缓和，害羞程度自然而然就会减轻。

3. 正确评价自己

正确评价自己、建立自信是指要求害羞者肯定自己，发现自己的闪光点，这样有助于在交往中发挥自己的特长。否定自己是对潜力的扼杀，是能力发挥的障碍。虽然我们不能盲目乐观，但起码要看到自己的长处，发现自己的闪光点，在以后的交往中就可以扬长避短。要鼓起勇气，敢于迈出第一步。当害羞者在自信心的支持下有所成功时，就会在未有过的成功体验下对自己重新评价，开始相信自己的能力。如果再有第二次、第三次成功，害羞者就会形成一个比较稳定的自我肯定认识，害羞心理就会悄悄地从他们身边走开。

4. 勇于和别人交往

勇于和别人交往，就是要丢下包袱，抛弃一切顾虑，大胆前行，即不要怕做错了事，说错了话，要认识到说错了虽然不能收回，但可以改正；做错了，只要吸取教训，就能起到前车之鉴的作用；失败并不等于无能。这样，害羞者在行动之前就不会光想到失败，而能够想到羞怯并不等于失败，只是由于精神紧张，并非自己不能应付社交活动，这样他们就会走出自我否定和自我暗示的阴影。许多害羞者在行动前过于追求完美，担心失败，害怕别人的否定性评价，这样的自我否定和自我暗示肯定会影响能力的发挥，结果越担心、害怕，失败的可能性就越大。

5. 学会克制自己的忧虑情绪

凡事尽可能往好的方面想，多看积极的一面。平时注意培养良好的情绪和情感，相信大多数人是以信任和诚恳的态度来对待自己的。把自己置于不信任和不真诚的假定环境中，对别人总怀有某种戒备心理，自己偶有闪失，或者并无闪失，也生怕被别人看破，这样只会让自己惶惶然，更加重羞怯心理。人们可以通过意志的力量来改变自己性格上的许多东西，克服如优柔寡断、神经过敏、胆怯等不良心理。一些知名演员、演说家、教师，在青年时代曾是胆怯害羞的人，但是后来他们能在大庭广众之下口若悬河，就是因为他们意识到克服害羞心理才可以取得成效。一个人如果事先做好准备，在答题时就会应对自如；熟记演讲内容，演讲时便会口若悬河；发言开口时声音洪亮，结束时也会掷地有声。除了这些策略与技巧，更重要的是要培养各方面的能力，有能力才会有自信，才能克服自卑、羞怯的心理。

第三节　大学生人际交往能力的培养

一、人际交往的认知策略

（一）改善认知模式

首先，大学生要充分认识人际关系的意义和重要性，采取积极的态度学会与人相处和协调人际关系。其次，要正确认识自己和评价他人，平等地与人交往。

现实生活中的每个人都有自己的长处和短处，在与人交往时不要自傲自负，不要拿自己的长处与别人的短处相比。曾有人说，每个人都是一块闪光的金子。这至少可以从一个角度说明无论是伟人、名人，还是普通人，都有值得我们学习的地方。最后，在与人交往中也不要自卑。自卑是影响人际交往的严重心理障碍，也是交往的大敌。自卑表现在人际交往活动中就是缺乏自信，它直接阻碍一个人走向社会的进程，进而严重影响个人发展。自信是人生最好的财富，要明白每个人都有自己的不足，正视自己的短处，勇于把自己的短处转化为长处，就能顺利克服自卑，实现人际交往的成功。

（二）克服人际知觉中的偏差

人际知觉是人对人的知觉，它是一种社会知觉。当人们知觉别人时，并不仅停留在被知觉者的面部表情、身体姿势等外部特征上，还要根据这些外部特征进一步了解他的内部心理状态，即了解其动机、意图、观点、信念、能力、品质等，然后根据这些观察到的印象，给对方做一个初步的评价。这种根据人的外部特征对其内心状态所做的解释和推论，叫作归因判断。人们彼此的感知与理解，往往直接影响人际交往的融洽与否及人际关系的深度。

在人际交往中，大学生常遇到的人际知觉偏差主要有以下几类。

1. 首因效应

首因效应是指最初获得的信息比后来获得的信息影响更大的现象，也称为第一印象或最初印象。人际交往总是通过第一印象进行的，第一印象对人际交往的影响表现在以下两个方面。

一方面，它会使人际认知带有表面性。人们初次相遇时，彼此常根据对方的外貌、表情、姿态、谈吐、衣着等表面特征，对对方做出一个初步的判断和评价，形成某种印象，这就容易出现"以貌取人"的现象，使认知具有表面性。

另一方面，它会使人际认知产生片面性。当人对对方一无所知时，自然要特别留意其一切未知的信息。出于"先入为主"的原因，人们往往偏信这一印象。尽管人们知道在很短的时间内根据有限的、表面的观察内容判断一个人往往是错误的，人们还是心甘情愿地"上当"，常常跟着第一印象走，忽视以后的新信息，或仅仅根据第一印象来解释新信息。当新信息与第一印象不一致时，甚至会否认新信息而屈从第一印象，这就造成了人际认知的主观片面性。

总之，人际交往中的第一印象是影响人际关系的一个重要因素。初次见面时留下的第一印象，不论好坏都会影响人们对你以后一系列行为的看法。例如，一位大学生刚入大学时出色的自我介绍会在同学的头脑中留下深刻的第一印象,即使以后他的表现不如以前,同学也会认为不是能力问题,而是因为不够尽力;相反,有的大学生在求职应聘时若不慎给面试官留下很不称职的第一印象,那么也许就会失去人生中的一次重要机会。要转变第一印象的劣势往往需要很长时间。

认识第一印象的作用,对搞好人际关系有实际的意义。一方面,大学生在看待同学时,要尽量避免受第一印象的影响,以免对同学产生错误的看法;另一方面,在与人交往中,要学会利用第一印象效应,加强自己的个性表现力,力争给人以良好的第一印象,从而为日后保持良好的人际关系打下成功的基础。

首因效应在大学生人际交往中比较普遍。有些大学生往往仅凭第一印象就轻易对别人做出判断或妄下结论,第一印象好,什么都好,第一印象差,就不屑于交往。这种先入为主的认知方式容易使人陷入人际交往的误区,是要注意避免的。所以,大学生在人际交往中如能坚持事必躬亲,注重调查研究,多了解、多观察、多留心,就不会因"一叶障目"而"不见泰山"了。

2. 近因效应

与首因效应相比,在总的印象形成上,新近获得的信息比原来获得的信息影响更大,这种现象就是近因效应或最近效应,也就是心理学上所说的"后摄"作用。

近因效应不如首因效应突出,它的产生往往是由于在形成印象过程中不断有足够引人注意的新信息,或者原来的印象已经随时间推移而被淡忘。近因效应还与个性有关,一个心理上开放、灵活的人倾向于产生近因效应,而一个高度一致、稳定倾向的人的自我一致和自我肯定则会产生首因效应。

人们在相识、交往过程中,第一印象固然很重要,但最后的最近的印象也很重要。一般来说,在对陌生人的认知过程中,首因效应比较明显;在对熟悉的人或对久违的人的认知中,近因效应所起的作用则更为明显。

近因效应在大学生的人际交往中也是普遍存在的。例如,小王与小刘本来相处很好,小王对小刘堪称关怀备至,可是却因一件小事"得罪"了小刘,就遭到小刘的痛恨,这就是近因效应的作用。大学生在人际交往中,一方面不能被此类近因效应蒙蔽而造成误解,另一方面应注意克服近因效应带来的认知偏差,要用动态的、历史的、发展的眼光看待他人,看待人际关系。

3. 光环效应

光环效应又称晕轮效应、月晕效应、成见效应和以点概面效应等。它是指在观察某个人时,对他的某种品质或特征有清晰、鲜明、突出的知觉,从而掩盖了对这个人的其他特征和品质的知觉。换言之，这一突出的特征或品质像耀目的光环一样笼罩着这个人，使观察者看不到他的其他品质，从而由这一点做出对这个人的整个面貌的判断。人们常说的"情人眼里出西施""爱屋及乌"就是一种光环效应。光环效应在判断一个人的道德品质或性格特征时往往表现得最为明显。

美国心理学家戴恩·伯恩斯坦等的一项研究证明了这个效应。他们让被试者看一些照片，照片上分别是很有魅力的、无魅力的和魅力中等的人。然后让被试者在与魅力无关的方面，如他们的职业、婚姻、能力等评论这些人。结果发现，有魅力的人在各方面得到的评分都是最高的，无魅力者得分最低。这种"漂亮的人各方面都好"就是光环效应的典型表现。

光环效应对人际认知的影响表现在两个方面。一方面是心理定式。一些研究者指出，光环效应实际上是观察者对他人形成的一种心理定式，它表现在一个人已有的态度会直接影响对他人的认识和评价。人们把从外部获得的信息按已形成的定式加以分类、归属、推导，将之加入已形成的关于他人的印象中，并以此为以后交往的依据。例如，因为对方的成绩较好，所以认为他样样都好；反之，如果对方的成绩较差，就觉得他一无是处。另一方面是中心性质的扩张化。所谓中心性质，是指对形成印象有决定意义的特殊信息，如人的外表、行为、道德品质等，就是决定人际认知的中心性质。人一旦获得这些信息，就会"爱屋及乌"，使这些特征扩张化，即具有弥漫性，从而导致对他人的认知带有很大程度的主观臆断。

光环效应是一种明显地从已知推未知、由片面看全面的人际认知现象。它往往会歪曲一个人的形象，导致不正确的评价，使集体中出现不平等的待遇而影响人际关系的融洽性。了解这一现象将有助于大学生在人际交往中全面看待别人，也有助于了解其他人产生这一偏见的根源。

4. 投射效应

投射效应是指在人际交往中，认知者形成对别人的印象时，总是假设他人与自己有相同的倾向、特征，"由己推人"，即把自己的情感、意志等特征投射到他人身上，强加于人，以为他人也如此。投射效应实质上就在于从主观出发简单地去认知他人，自我与非我不分、认知的主体与客体不分，认知的主体与认知的对象不分，其结果往往导致对他人的情感意向做出错误评价，造成人际交往障碍。

在现实生活当中，投射效应的现象比较普遍，如情感投射，它的表现之一是以为别人与自己的好恶相同，对别人进行自我同化，从而导致对他人的认知障碍。情感投射的表现之二是对自己喜欢的人越看越觉得喜欢，越看越觉得优点多，对自己不喜欢的人越看越讨厌，越看越觉得缺点多，因而表现出过度地赞扬和美化自己所喜欢的人，过分指责甚至中伤自己所厌恶的人。此外，还有一种是愿望投射，即把自己的主观愿望投射到他人身上，认为他人也如自己所期望的那样，把希望当成现实，这当然会造成交往障碍，这种投射也容易产生猜疑心理。例如，自己对某人有看法，就认为对方也在搞鬼，并搜罗一些似是而非的证据来表明确实如此，这样越猜越疑，越疑越猜，友谊便在无尽的猜疑中逐步消失了。

5. 刻板效应

刻板效应是指在人们头脑中存在的关于某一类人的固定化认知，它影响着对人的认知和评价。例如，青年人往往认为老年人是墨守成规的，而老年人往往认为青年人举止轻浮；有的大学生认为南方人小气、自私、不好相处；等等。这种刻板印象容易形成先入为主的定势效应，妨碍大学生正常人际关系的形成。

刻板效应有积极和消极两方面的作用。积极作用是使自己认识他人的过程简单化，有利于对某一个人、某一群人做出概括性的反映。借助某一类人的共性，可以使人想象出某一个人可能会有的典型特征。消极作用是刻板效应不一定符合实际，因为同一类人除了具有同类的特征外，还有自己的个性，两者是有差异的，所以刻板效应不一定正确，它还会造成偏见、成见，从而给人际关系造成不必要的伤害。因此，大学生在认识他人时应该懂得不能只依据刻板印象，而要具体观察，切不可想当然、乱画像、乱对号，要在实际交往中去发现和理解一个人。

综上所述，人际知觉中出现的上述种种偏见，常常成为人际关系融洽的障碍。因此，在认知过程中应注意客观性，力求从客观实际出发，深入考察，摒弃主观臆断、妄想猜测，尽量减少人际交往中的误会和矛盾。

二、人际交往的技巧

（一）语言艺术

"良言一句三冬暖，恶语伤人六月寒。"这句话告诉我们交往时要注意运用语言的艺术。语言艺术运用得好，就能优化人际交往。相反，如果不注意语言艺术，往往在无意间出口伤人，容易产生矛盾。

1. 称呼得体

称呼反映出人们之间心理关系的密切程度。恰当得体的称呼，使人能获得一种心理上的满足感，使对方感到亲切，交往便有了良好的心理气氛；称呼不得体，往往会引起对方的不快甚至愤怒，使交往受阻或中断。所以，在交往过程中，要根据对方的年龄、身份、职业等具体情况及交往的场合、双方关系的亲疏远近来决定对方的称呼。对长辈的称呼要尊敬，对同辈的称呼要亲切、友好，对关系密切的人可直呼其名，对不熟悉的人要用全称。

2. 语言表达恰当

①正确运用语言，表达要清楚、生动、准确、有感染力、逻辑性强，少用土语和方言，切忌平平淡淡、滥用辞藻、含含糊糊、干巴枯燥。

②语音、语调、语速要恰当，要根据谈话的内容和场合，采取相应的语音、语调和语速。

③讲笑话时要注意对象、场合、分寸，以免笑话讲得不得体而伤害他人的自尊心。

3. 适度赞美

每个人都希望别人赞美自己的优点。如果我们能够发掘对方的优点，进行赞美，他会很乐意与你多交往。但是赞美要适度，要有具体内容，绝不能曲意逢迎。真诚的赞美往往能获得出乎意料的效果。

4. 巧用幽默

幽默是智慧的结晶，是一种高超的语言艺术。幽默能调节气氛，消除疲劳感，化解冲突，使交往变得轻松和快乐。

5. 避免争论

大学生喜欢争论，但争论往往是在互不服输、面红耳赤、不愉快中结束。有时甚至会演变成对他人的人身攻击。因此，大学生要尽量避免争论，而要通过讨论、协商的途径解决分歧。

（二）非语言艺术

语言艺术运用得好，就能吸引和抓住对方，从内容到形式满足对方的心理需要，使交往关系密切起来。非语言方式也是交往沟通的重要途径，是指在人际沟通过程中人们运用自己的肢体语言以及肢体动作和周围的环境因素等交流思想、情感和信息的沟通形式。其主要包括以下几个方面。

1. 肢体语言

掌握和运用好肢体语言交往艺术，对大学生搞好人际交往是必不可少的。正所谓"眼睛是心灵的窗户""眼睛像嘴一样会说话"。面部表情是内心情绪的外在表现，它们均能表达出人的态度和情感。例如，眉飞色舞表示内心高兴，怒目圆睁表示愤怒等。此外，在交往中大学生还可用人体动作来表达思想。大学生在人际交往中根据谈话的内容和场合，正确运用非语言艺术，巧妙地表达自己的思想感情，有时能起到"此时无声胜有声"的作用。非语言艺术要运用得恰到好处，不可过于频繁和夸张，以免给人以手舞足蹈之感。

2. 学会聆听

聆听在人际交往中具有十分重要的意义。越是善于倾听他人意见的人，其人际关系就越融洽，因为聆听本身就是褒奖对方的一种方式，你能耐心倾听对方说话，等于告诉对方"你是一个值得被倾听的人"。这在无形之中就能增强对方的自尊心，加深彼此的感情。反之，如果对方还没有把要对你说的话说完，你就听不下去了，容易使对方的自尊心受挫。通常，能否给人留下深刻的第一印象的决定因素就是能否认真聆听别人说话。当周围的人意识到你能耐心倾听他们的意见时，他们自然会向你靠近。这样，你就可以与很多人进行思想交流，建立较为广泛的、融洽的人际关系。

聆听对增进人际关系是如此重要，那么，应该怎样聆听呢？一些研究者认为，聆听者主要应注意以下三个方面的问题。

（1）耐心聆听

一般交谈中并非总是包含着许多信息。有时，一些普通的话题，对你来说已经相当熟悉，可是对方却眉飞色舞，谈兴正浓。此时，出于礼貌，你应保持耐心，不能表现出任何不耐烦的神色。一些心理学家指出，人们说话的速度是每分钟120～180字，而思维的速度却是它的4～5倍。所以，对方还没说完，倾听者也许早就理解了，或者对方只说了几句话，倾听者就已经知道了他所要表达的全部意思。这时，人们的思想就会开小差，注意力就会涣散，就会出现心不在焉的下意识动作和神情，以致对对方的话"充耳不闻"。这样，当对方突然问一些问题时，如果倾听者保持毫无表情的缄默，或者答非所问，对方就会十分难堪和感到不快。

因此，听人谈话时，倾听者应做到精神集中、表情专注，不要东张西望、心不在焉，也不要目光游离、哈欠连天，更不要修指甲、挖耳朵、搔痒痒、晃动腿脚等，因为此类举止不仅是不礼貌的表现，也无异于告诉对方你不想听了。即使你认为对方的谈话没有价值，也不必马上皱起眉头，或者激烈反驳，可用改变话题的方法暗示你不希望再谈这个话题了。改变话题可用提问的方法，如"我倒想听听你对某个问题的看法……我听……你说呢"等。

(2)虚心聆听

交谈的主要目的是沟通思想、联络感情,而不是进行演讲比赛。所以,在别人说话时,倾听者应抱虚心聆听的态度。有些人习惯于在交谈前先对对方抱某种成见,如认为"这人好吹牛,言过其实""这人讲话不得要领,啰里啰唆"等。如果有了此类成见,就不可能认真地倾听对方的讲话。还有些人觉得某一问题自己知道得比对方多,常常不等对方把话讲完,便插话打断,不顾对方的想法而自己发挥一通,这同样是不尊重对方的表现,当然也不可能虚心听别人讲话了。在一般社交场合,如果你不赞成对方的某些观点,可以委婉的口气说:"这个问题值得我想一想"或"我对这个问题的看法是这样……"如果你想纠正对方的错误,可以在不伤害对方自尊心的前提下这样说:"我记得好像不是这样吧,似乎有另外一种说……"这样,就足以使对方心领神会了。在这种场合下,切忌得理不饶人,因为不必要的争辩会打乱亲切和谐的交往气氛。有时,人们刚刚结识,可是没谈几句就"面红耳赤",这常常就是由于双方互不让步,都想纠正对方的错误,都"好为人师",这样当然就会"话不投机半句多"了。

(3)会心聆听

听人谈话,不只是在被动地接受,还应该主动地反馈,这就需要做出会心的呼应。在交谈时,你要注意与说话人经常交流目光,不停地进行赞许性的点头,或做出催促性的手势,并不时地用"哦""是这样"等来表示你在认真倾听,以鼓励对方继续往下讲,也可以有意识地重复某句你认为很重要或很有意思的话。如果你一时没有理解对方的话,或者有些疑问,不妨提出富有启发性和针对性的问题,对方一般是乐意以更清楚的话来解释一番的,这样就可以把本来比较含糊的思路整理得更明晰。同时,对方心理上也会觉得你听得很专心,对他的话很重视,因而会产生"酒逢知己千杯少"之感。古语说:"有动于衷必形于外。"不管你是否意识到,你的表情对对方的谈话总是在做出相应的呼应。例如,眼睛凝视对方,表明你对他的谈话感兴趣;如果东张西望,则说明你心不在焉;有些人会下意识地看看手表,这可能意味着他听得无聊,不想再听下去。

当然,如果你确实有事想脱身,这倒是一种能使人心领神会的暗示。当你用表情对对方的谈话表示呼应时,要注意与对方的神情和语言相协调。当对方说笑话或幽默话时,你的笑声会增添他的兴致;他说得紧张时,你的屏气凝神则会强化紧张的气氛。当然,表情应自然坦率,不可矫揉造作,如果动辄大惊小怪、尖声大叫,或无故挤眉弄眼、摇首弄姿,就会使人觉得你缺乏修养,甚至滑稽可笑。

3. 努力增强自己的人际魅力

人际魅力是增强人际吸引的成分，往往能通过人际吸引而显现出来。一般而言，相互满足程度越高，心理关系就越亲切，人际吸引力就越大；反之，相互满足程度越低，则心理距离越大，人际吸引力就越小。那么，大学生如何增强人际吸引力，做一个受欢迎的人呢？

（1）努力建立良好的第一印象

怎样表现才能给人留下良好的第一印象呢？心理学家卡耐基在其著作《怎样赢得朋友，怎样影响别人》一书中总结出给人留下良好的第一印象的六种途径：①真诚地对别人感兴趣；②微笑；③多提别人的名字；④做一个耐心的倾听者，鼓励别人谈他们自己；⑤说符合别人兴趣的话题；⑥以真诚的方式让别人感到他很重要。

（2）塑造个人的内外气质

追求美、欣赏美、塑造美是人的天性。美的外貌、风度能使人感到轻松愉快，并且在心理上构成一种精神的欣赏。所以，大学生应恰当地修饰自己的容貌，扬长避短，注意在不同场合，选择样式和色彩符合自己的服装，形成自己独特的气质和风度。同时，大学生应注意追求外在美和内在美的协调一致。随着时间的推移，交往的加深，外在美的作用会逐渐减弱，对他人的吸引会逐渐由外及内，从相貌、仪表转为道德、才能。

（3）培养良好的个性特征

在生活中，大家都愿意与性格良好的人交往，没有人愿意与自私、虚伪、狡猾、性情粗暴、心胸狭隘的人打交道。因此，良好的个性特征对建立良好的人际关系有吸引作用，不良的个性特征对建立良好的人际关系有阻碍作用。

（4）加强交往、增进关系

心理学研究表明，人与人之间空间距离上的接近，是促进人际吸引的重要因素。因为人与人在空间距离上越接近，彼此交往的频率就越高，越有助于相互了解、沟通情感、增进关系。大学生同住在一起，接触密切，这是建立友情的良好的客观条件。大学生应充分利用这一条件，与同学保持适度的接触频率，才能保持良好的人际关系，切忌"有事有人，无事无人"。人际交往关系到我们一生的成败、幸福，我们不能不重视它。如何正确处理好人与人之间的关系是一门学问，更是一种艺术。但是，掌握这门艺术的关键是我们对人性的了解和掌握，了解自己的长处和局限，并不断地完善自己，我们就能减少防卫，更坦然地走向他人，更自信地与他人交往。

4. 提高人际交往的洞察力

人际交往能力与社交经验的关系如此密切，如果人们可以提高自己的人际交往能力，其日常社交生活也会得到改善。人们不仅可以减少与别人发生冲突，也可以令自己和别人有更愉快的交往经验。

有些人认为，人际交往能力是与生俱来的特质或属性。例如，一个社交能力较强的人天生较外向，善于交际。所谓"江山易改，本性难移"，要改变人际交往能力比移山更为艰难。但多数心理学家并不赞同这种看法，他们认为只要能辨认出可以预测人际交往能力的因素，便可以设计一些课程来培训这种能力。如何提高人际交往能力，可参考以下两个方面内容。

（1）对环境的辨析能力

对环境的辨析能力是社交能力的一个重要组成部分。一个人如果能够对情境间的细微不同之处加以区分，往往更能掌握社交环境的变化而做出合宜的行为，以适应不同性质、千变万化的环境。这种对环境的辨析能力即"因时制宜"。

在相关的研究中，研究者采用一些虚构的处境，记录受测者在这些处境中的反应。这两个虚构的情境，一是你很怕见牙医，现在却要到牙医那里修补牙齿；二是你被一群持械的恐怖分子胁持在一所公共大楼内。研究发现，人们在这两种情境中，均可以选择细心地观察周遭危险讯号的方式。例如，在第二个处境中，人们可以留心恐怖分子有什么武器。他们也可以尽量分散注意力，不去注意一些会令自己紧张的危险信号。当然，在见牙医的处境中，主动地监察危险信号只会令自己更紧张，肌肉收得更紧，痛苦更多。但在被胁持的处境中，留心危险信号可以提高逃生的机会。在接受测试的人当中，有些人较能辨析两种情境的不同，在见牙医的处境中选择分散注意力的方式，在被胁持的处境中选择观察环境的方式。有些人的辨析能力则明显较低，在不同的情境中也选择观察环境的方式。

相关研究显示，辨析能力越高的人，社交能力也越高。他们在与父母、师长、朋友和不喜欢的人交往时，较能完成交往目标，并改进双方的交情。需要强调的是，"因时制宜"并非指盲目跟随形势变化而改变自己的行为，也不是指盲目顺从对方的意思。辨析能力较高的人不一定是"社交变色龙"，只懂得盲目附和。他们有自己的生活目标，并且在追求这些目标时，懂得审时度势，既能够完成自己的生活目标，也能对他人有所帮助。

（2）对别人心理状态的洞察力

洞察别人的心理状态是社交能力一个重要的环节。一些人看到别人的行为时，不尝试去了解对方做事时的处境和感受，便马上从别人的行为去判断对方是一个怎样的人。这种重判断而轻了解的取向，是社交能力发展的一大障碍。

在一项研究中，研究者向受测者描述一个人的行为，然后请他们将这个人的资料转述给另一个受测者。在转述过程中，有些人自发地加入了一些对故事中人物的性格和道德判断，而有些人则主动地对故事中人物的内心世界加以剖析。研究发现，越倾向性格和道德判断的人，他们的社交能力越差；反之，越倾向做内心剖析的人，他们的社交能力越高。既然主动地做性格判断和道德评价对社交能力的发展有碍，而尝试了解人的内心感受对社交能力有利，那么如何可以降低前一种倾向而加强后一种倾向呢？

一个人对性格和道德的看法是一个十分重要的因素。有些人觉得性格和道德是不可改变的个人素质，相信每个人也有固定不变的道德水平和性格。因此，在与人交往时，他们的注意力便集中于从别人的言行举止来推断对方具备哪种性格。而有些人在社交场合中，并不急于判断别人的性格和道德水平，而是较留心于一些可变的因素和行为的关系。例如，他们较留心环境因素的改变如何影响一个人的心理状态，而心理状态的改变又如何影响一个人的行为。

这种倾向于判断行为的好坏和别人的道德性格的人，不仅较容易忽略别人的心理状态，还较容易因对人多做以偏概全的评价而产生偏执和成见。总之，要提高个人的人际交往能力，一方面要提高对自己及别人的需要、思想、感受的洞察力；另一方面要细心观察不同的情境和人物，分辨其中不同之处并加以理解分析，以加强对千变万化的社交环境的掌握。虽然心理学家认为社交能力是可以通过训练提高的，但要真正提高社交能力，实在不是一件容易的事，亦非一朝一夕可以做到的，成功与否取决于一个人的动机、决心、努力与恒心。

第六章　大学生情绪管理与心理健康

大学生在生理发育接近成熟的同时，心理上也经历着急剧的变化，尤其反映在情绪上。相对于中学生而言，大学生的情绪内容趋向于深刻和丰富，情绪的表达趋于隐蔽，情绪的变化也逐渐趋向于稳定。大学生所处的年龄阶段、扮演的社会角色、具备的知识素养等，都让他们的情绪打上了自己的烙印。本章分为情绪概述、大学生常见的情绪困扰与调适、大学生情绪管理的基本策略三部分。

第一节　情绪概述

一、情绪的定义

情绪是内心的感受经由身体表现出来的状态，是人对客观事物的态度体验及对相应行为的反应。当人们面临挑战时，情绪使人们的注意力集中，使人们的行动充满力量，此时心跳加剧，步伐加快，所有的感官都处于高度警觉状态。获悉意想不到的好消息，人们的眼里有时会含着泪水，有时会欢快得手舞足蹈，并感到精力充沛、信心百倍。

情绪有多少是天生的，又有多少是后天习得的？大多数心理学家都认同情绪是复杂的、变化的，情绪是一个混合物，由四部分组成，包括生理反应、主观感受、认知过程和外在行为。

第一，生理反应。当人们体验某种情绪时，会产生一些生理反应，例如，有人在亲人丢失后，在感到焦虑和恐惧的时候，他往往会有心跳加快、呼吸不畅、手脚冰冷的生理反应。在这种情绪的变化中，还伴随其没有觉察到的血压升高、肌肉紧绷、血管收缩或扩张，还有内分泌的变化等生理反应。这种生理反应是很难为当事人所控制的。

依据这个原理，心理学家发明了测谎仪，通过记录被测试者在回答一些特定问题时的呼吸变化、心跳变化、皮肤电流变化等，来判断被测试者是否说谎。人们在说谎时的心理是异常复杂的，紧张、恐惧、慌乱等情绪交织在一起，必然会在生理上产生异常反应，如呼吸急促、心跳加快、血压升高、皮肤出汗等。不管被测试者如何回答或保持缄默，由于这些反应都是由自主神经系统控制的，一般不会受人的意识的控制，仪器将忠实地记录这些生理反应的变化过程。所以，测谎仪所记录的内容成为判定被测试者是否说谎以及是否犯罪的重要科学依据。

此外，情绪总是伴随着相应的生理反应，所以人们很早便意识到情绪会影响到身体健康，如"怒伤肝""恐伤肾"之类的说法早在民间流传。

第二，主观感受。情绪还包括主观感受或感觉，如愉快、平静、不安、紧张、厌恶、憎恨、嫉妒等。这些感觉体现着浓厚的主观色彩。面对同样一件事，有些人悲观消极，情绪低落，而另一些人可能乐观豁达，以积极的情绪状态去面对。

第三，认知过程。人们对引发情绪的事件或刺激情境所做的解释和判断会影响到情绪的体验。当你看到别人不时地直视你的眼睛时，如果你认为别人对你有好感，也许你会心生愉悦感；如果你觉得别人是不怀好意的，也许你会变得紧张不安。由此可以看出，对某个事件的解释与评价会极大地影响这个事件对我们的意义，从而产生相应的情绪。

第四，外在行为。情绪还涉及许多外在行为的反应，如面部表情、手势姿势和声调语气，这些都能帮助人们和他人交流。此外，情绪的外在行为的反应也是人们适应环境变化的表现，如因忧郁而哭泣，因恐惧而逃跑等。因此，喜怒哀乐都是人与生俱来的、不可缺少的生存本能。

二、情绪的分类

关于情绪的分类，我国古代名著《礼记·礼运》提出了"七情说"，即"喜""怒""哀""惧""爱""恶""欲"。

德国心理学家威廉·冯特认为，情绪由三个维度组成，分别是愉快—不愉快、激动—平静、紧张—松弛。每一种具体情绪分布在三个维度的两极之间不同的位置上。

美国心理学家约翰·格雷提出了三种基本的情绪系统，即行为趋近系统、攻击或逃跑系统、行为抑制系统（如高兴、愤怒或恐惧、焦虑），它们分别定位于不同的脑环路。

斯坦和特拉巴舍强调四种情绪，即快乐、悲哀、愤怒和害怕，因为这些情绪对应于对价值目标的四个可能的状态反应，即达到和坚持、丧失、阻碍以及目标达到的不确定性。

心理学家西尔万·汤姆金斯区分了六种情绪，即兴趣、害怕、惊讶、愤怒、痛苦和高兴，这六种情绪对应于不同的神经激活的模式。

美国心理学家保罗·埃克曼提出了六种不同的情绪，即害怕、愤怒、悲伤、厌恶、愉快和轻蔑，他发现每一种情绪都与相对应的不同的跨文化的表情相连。

美国心理学家伊扎德在他的分化情绪理论的基础上，提出了十一种基本情绪，即愤怒、恐惧、悲伤、痛苦、愉快、厌恶、惊奇、羞耻、内疚、兴趣和轻蔑。

为帮助大家更好地了解情绪，这里主要介绍研究者都关注的几种基本情绪，同时对现代积极心理学情绪研究的积极情绪与消极情绪的二维分类加以介绍。

（一）基本情绪

通过调查分析可以发现，生物观点和认知观点都承认有多种情绪，争论集中在一些情绪是否比另一些情绪更基本。生物观点强调几种基本情绪，而认知观点强调情绪种类的多样性。但是，两种观点一般都承认下面六种情绪是基本情绪：害怕、愤怒、厌恶、悲哀、高兴和兴趣。这里所谓的基本情绪是指：①天生的，而不是个人的、社会的或文化经验中掌握的；②对所有的人来说，都是同样的（个人的丧失使得人们悲哀，这与他们的年龄、文化等无关）；③在表达上是独特的，可以相互区别的；④激发了相互区别的生理反应模式。

1. 害怕

害怕产生于当个体将情境解释为有潜在的危险或威胁时，这种危险和威胁既可能是心理的，也可能是生理的。最一般的害怕激活情境是预期有生理或心理的伤害，对危险的易受伤害感或预期个人的应对能力，不能胜任压力或无法抵抗的情境。害怕是一种防御性的动机系统，它对即将到来的生理或心理伤害，提供了一个情绪警告信号。

2. 愤怒

愤怒产生于限制性的体验中，当个体认为计划和目标被一些外在的力量干扰时，愤怒就产生了。愤怒的实质是个体认为情境不是它应该的那样——限制、干扰或解释是不合理的。愤怒是最激烈的情绪，会使人更强壮，更有能量（就像"打或逃跑"反应中打的部分）。它的反应指向于克服或纠正不合理的限制、干扰或打扰，这种攻击可以是语言的或非语言的（如大叫或捶门），直接的或间接的（如破坏障碍或仅仅扔东西）。

3. 厌恶

厌恶是对污染的、恶化的或腐败的物体的反应，以期能除去或远离这种物体。至于这种物体到底是什么则依赖个体的发展和社会文化。在婴儿期，厌恶可能是对苦的味道的反应；成人厌恶的诱发源包括身体的污染、人际的污染和道德的污染，文化学习通常决定了成人把什么当作身体的、人际的或道德的污染。厌恶的机能是拒绝，它是生理上或心理上拒绝某些环境方面的一种自我方式。

4. 悲哀

悲哀（或痛苦）是最消极、最令人讨厌的情绪。悲哀通常产生于分离或失败的体验中。丧失了所爱的人、离婚以及不能再开展有价值的工作，都可能让人产生悲哀的情绪。失败也能导致悲哀，如考试未通过、竞争失败或被一个团队拒绝。

5. 高兴

使人高兴的事情一般都与一个令人满意的结果相关联，如任务成功、个人的成就，向目标的前进，得到我们想要的，获得尊重或赞扬，得到爱、感动或惊喜，体验到愉快的感觉。

高兴的原因——令人满意的结果（如成功和归属感），是悲哀的原因的反面（不满意的结果，如失败、分离或丧失）。高兴的机能是双重的：一方面，高兴是从满足感和得意感中引发出来的积极情感，它使得人对生活充满了愉悦感和幸福感，从而与沮丧、失望这些不可避免的生活体验相对抗；另一方面，高兴促进我们愿意进行社会交往，很少有社会刺激像微笑和人际包容这样有效和有奖赏性。因此，高兴的表达是一种社会黏合剂，它连接了婴儿和母亲之间、爱人之间、同事之间以及队友之间的关系。

6. 兴趣

兴趣是人类日常生活中最常见的情绪，通常从包含了个人需要的情境中产生。在神经学水平上，兴趣包含了神经放电率的适当增加。兴趣使我们对周围的物体展开探索、观察、搜索、操作和提取信息，兴趣也构成了创造、学习、发展我们的能力和技能的基础。一个人的兴趣是他注意某事物和对其进行加工、理解和记忆相关信息的预报器。因此，兴趣可以促进学习。学习外语、从事科学研究，如果没有兴趣这样的情绪支持，是很难维持的。

（二）积极情绪和消极情绪

积极情绪是指个体因体内外刺激、事件满足个体需要而产生的有愉悦感的情绪，包含主观幸福感、快乐感、乐观感和自信感。目前，它已被应用于企业组织、教育、医疗等多个领域。

主观幸福感被广泛应用到组织中的领导力开发、组织发展、人际关系及团队建设、绩效评估等方面。快乐感能让人精神旺盛、专注工作、有满意的人际关系、身体和生理健康水平变高以及长寿。

消极情绪是一种负性情绪，包括悲哀、焦虑、愤怒等。它是传统心理学的主要研究内容。长期稳定的消极情绪对生理健康和心理健康都有极大的损害，可引起高血压、冠心病、溃疡病、支气管哮喘、头痛、免疫功能减弱、癌症等生理疾病。尽管消极情绪让人"闻"而生畏，但适度的消极情绪反应是有益的，有利于生理健康。

三、情绪的生理基础

情绪是主观因素、环境因素、神经过程和内分泌过程相互作用的结果。在不同的情绪状态下，人的心律、血压、呼吸乃至人的内分泌系统、消化系统等，都会发生相应的变化。例如，人在焦虑状态下，会感到呼吸急促、心跳加快；而在愤怒状态下，则会出现面红耳赤等生理特征。心理学家通过实验手段研究证实，与情绪有关的生理变化主要有以下几个方面。

（一）循环系统的变化

循环系统的变化主要包括心率、血压、血糖和血液含氧量的变化。例如，人在感到愉快时，心跳平稳；感到好奇、被吸引时，心跳会减慢；发怒或感到恐惧时，心跳加速，血压也会升高。

（二）呼吸系统的变化

呼吸系统的变化包括呼吸的频率、深浅、节奏等的变化。例如，人在感到紧张、愤怒和恐惧的时候，呼吸会加快；人在感到悲伤的时候，呼吸则会变得很缓慢；感到平静的时候，吸气的时间短，呼气的时间长；而当人受到突然惊吓时，吸气的时间会变得远远长于呼气的时间；人处于极度愤怒、悲痛或恐惧的情绪之中，有时会发生呼吸暂停的现象。

（三）腺体的变化

腺体的变化包括身体的内、外分泌腺的分泌活动的变化。例如，人在感到紧张、恐惧时会出汗；在感到悲痛或极度喜悦时会流泪；在感到压抑、焦虑、生气的时候，唾液、胃液和胆汁的分泌量会减少，造成食欲减退，消化不良；当人感到轻松、愉快的时候，唾液、胃液和胆汁分泌旺盛，会令人胃口大开。

（四）肌肉的变化

肌肉的变化包括骨骼肌和内脏肌肉的运动。例如，当人感到极度恐惧时，骨骼肌会瘫软，肢体无法自主运动；当人感到紧张时，骨骼肌会绷紧，甚至颤抖，但与此同时，肠胃肌肉的活动却会减弱；当紧张解除之后，骨骼肌会变得松弛，肠胃的蠕动却加强了，做好了消化食物的准备。

此外，情绪还会引起脑电波和皮肤电阻的变化。例如，人平时在清醒、安静的状态下，脑电波会呈现出 α 波（8～14次/秒），而在感到紧张、焦虑的时候，脑电波会出现频率较高的 β 波（14～30次/秒）。又如，人在感到紧张时，皮肤血管会收缩，汗腺分泌会增强，人的皮肤电阻显著下降。

四、情绪的特点

（一）复杂性

鉴于情绪是由生理唤醒、主观体验、认知过程、外部表现四个要素组成的，是一个复杂的模式，有时候我们会难以说清楚自己的感受，尤其是男性。哈佛大学的研究者借助磁共振成像技术进行研究发现，对于女性来说，进入青春期后，她的消极情绪会从杏仁体这个脑干的原始部位进入脑皮层，激活她的语言中枢，这便于她报告自己的情绪；而青春期男性的消极情绪仍留在杏仁体中，所以如果问他有什么感受，他会说"不知道"。

（二）周期性

我们可能前一刻还很郁闷，但后一刻就被逗得乐开了怀，这并非女人独有的善变，而确实反映了情绪的不断变动性。有的学生说"我看某某同学天天都乐呵呵的，我就愿意像他那样无忧无虑"，愿望是好的，但不切实际。情绪会围绕着正常水平波动，在高峰和低谷间波动，处于适度的波幅之内就没有问题。有一个比较简单的评断方法：如果某个人的情绪始终在高峰，就很可能患上了躁狂症；如果某个人的情绪始终在低谷，就很可能患了抑郁症；如果在高峰和低谷间大幅度振荡，那是双向情感障碍（躁郁症）。

（三）普遍性

达尔文认为，人类的情绪是天生的，而且像骨骼系统一样是有系统、有规律的。借助调节面部表情和躯体运动的肌肉系统，我们向他人表达了自己的情绪，而这种表达又往往是无意识的，它是一种本能的而非后天习得的行为。情绪的交流是由基因决定的，当我们还在摇篮里时，就能识别成人的脸，还能通过解读他们脸上的表情来感知他们的态度。而且，在不同的种族之间，情绪表现了惊人的一致性。给生活在新几内亚岛上的土著人出示一张板着脸的白种人的照片，前者能毫不费力地指出后者在生气。从衣食住行到婚庆庆典，不同的文化在诸多细节上都存在着大大小小的地域差异，但我们却天生具有一套相同的、最为基本的心理结构。

五、情绪的状态

情绪的状态是指在某种事件或情境的影响下，在一定时间内所产生的某种情绪，某中较典型的情绪的状态有心境、激情和应激三种。

（一）心境

心境是指人比较微弱、平静而持久的情绪状态，具有弥漫性。它不是关于某一事物的特定体验，而是影响着对所有事物的情绪体验和行为表现，是所有情绪的心理背景。例如，一个人在心境平和的时候情绪稳定，反之则容易情绪波动。

心境持续的时间有很大差别，可以是几个小时，也可以是几个月或更长时间。这与引起心境的客观刺激的性质有关，更与人格特征（性格、气质）有关。同一事件对某些人的心境影响较小，而对另一些人的影响则较大。性格开朗的人遇事比较乐观，而性格内向的人则容易耿耿于怀。心境产生的原因是多方面的。生活中顺境和逆境、工作中的成功与失败、人们之间的关系是否融洽、个人的健康状况、自然环境的变化等，都可能成为引起某种心境的原因。

心境对人的生活、工作、学习、健康有很大的影响。积极向上、乐观的心境，可以提高人的认知活动效率，使人增强信心，对未来充满希望，有益于人的健康；消极悲观的心境，会降低人的认知活动效率，使人丧失信心和希望，经常处于焦虑状态，对健康不利。人的世界观、理想和信念决定着心境的基本倾向，对心境有着重要的调节作用。

（二）激情

激情是一种持续时间短、表现剧烈、失去自我控制力的情绪。这种情绪状态通常是由对个人有重大意义的事件引起的。重大成功之后的狂喜、惨遭失败后的绝望、亲人突然死亡引起的极度悲哀、突如其来的危险所带来的异常恐惧等，都是激情状态。

激情状态往往伴随着生理变化和明显的外部行为表现。例如，人在盛怒时全身肌肉紧张，双目怒视，怒发冲冠，咬牙切齿，紧握双拳等；狂喜时眉开眼笑，手舞足蹈；极度恐惧、悲痛和愤怒之后，可能出现精神衰竭、晕倒、发呆，甚至出现激情休克现象，有时表现为过度兴奋，言语紊乱，动作失调。激情状态下人往往出现"意识狭窄"现象，即认识活动的范围缩小，理智分析能力受到抑制，自我控制能力减弱，进而使人的行为失去控制，甚至做出一些鲁莽的行为或动作。

激情并不是总是消极的。法国作家弗朗索瓦·德·拉罗什富科说过："激情常常使最聪明的人变成疯子，使最愚蠢的傻瓜变得精明。"我们应充分发挥积极的激情，有效控制消极的激情，使自己更有活力而又不乏理智。

（三）应激

应激是指由出乎意料的紧急情况引起的急速而高度紧张的情绪状态。在平静状态下，人们的情绪变化差异还不是很明显。而当应激反应出现时，人们的情绪差异立刻就显现出来。应激反应在表现方式和结果上也是千差万别的。更多时候，有经验的人比没有经验的人更擅长处理应激情况。性格、态度和心理素质水平也决定了在特定情况下人们的能力以及人们处理结果的差异。但人们如果经常处于应激反应之下，情绪必然是紧张的。身心都处在长期紧张之中的人容易表现出极端现象。研究表明，长期处于应激状态会使人内部的生化防御系统发生紊乱和瓦解，产生身心疾病和心理障碍。所以，我们不可能长期处于高度紧张的应激反应中，要在日常生活中注意培养心理上的应变能力。

六、情绪的功能

情绪不是一种毫无目的的、没有任何意义的伴随活动的体验。相反，情绪对人类适应外界变化、互相交流起着重要的作用。

（一）信息传递功能

情绪是人们社会交往中的一种心理表现形式。情绪的外部表现是表情，表情具有信息传递功能，属于一种非言语性交际。人们可以凭借一定的表情来传递情感信息和思想愿望。心理学家研究了英语使用者的交往现象后发现，在日常生活中，55%的信息是靠非言语表情传递的，38%的信息是靠言语表情传递的，只有7%的信息才是靠言语传递的。

表情是比言语产生更早的心理现象，在婴儿会说话之前，主要是靠表情来与他人交流的。表情比语言更具生动性、表现力、神秘性和敏感性，特别是在言语信息模糊不清时，表情往往具有补充作用。人们既可以通过表情准确而微妙地表达自己的思想感情，也可以通过表情去辨认对方的态度和内心世界。

所以，表情作为情感交流的一种方式，被视为人际关系的纽带。情绪还可以相互影响和传播，当一个人兴高采烈时，他就会将这种情绪感染给周围的人；而当一个人沮丧、愤怒时，也会使这种情绪在周围传播开来，并且还会将这些负性情绪迁移到他人身上。

（二）动机功能

情绪与动机的关系十分密切，主要体现在以下两个方面。

第一，情绪具有激励作用。情绪能够以一种与生理性动机或社会性动机相同的方式激发和引导行为。有时我们会努力去做某件事，只因为这件事能够给我们带来愉快感与喜悦感。从情绪的动力性特征看，分为积极增力的情绪和消极减力的情绪。快乐、热爱、自信等积极增力的情绪会提高人们的活动能力，而恐惧、痛苦、自卑等消极减力的情绪则会降低人们活动的积极性。有些情绪同时兼具增力与减力两种动力性质，如悲痛可以使人消沉，也可以使人化悲痛为力量。

第二，情绪被视为动机的指标。情绪也可能与动机引发的行为同时出现，情绪的表达能够直接反映个体内在动机的强度与方向。所以，情绪也被视为动机潜力分析的指标，即对动机的认识可以通过对情绪的辨别与分析来实现。动机潜力是在具有挑战性环境下所表现出的行为变化能力。例如，当个体面对一个危险的情境时，动机潜力会起到作用，促使个体做出应激的行为。当个体面对应激场面时，个体的情绪会发生生理的、体验的及行为的三方面的变化，这些变化会告诉我们个体在应激场合动机潜力的方向和强度。当个体面临危险时，有的人头脑清晰，沉着冷静地离开；而有些人则惊慌失措，浑身发抖，不能有效地逃离现场。

（三）组织调控功能

情绪情感对人们的认知过程既有积极作用，也有消极作用。大量研究表明，适当的情绪情感对人的认知活动具有积极的组织调控功能，而不当的情绪情感对人的认知活动具有消极的瓦解功能。

1. 促进作用

良好的情绪情感会提高大脑认知活动的效率，提高认知操作的速度与质量。不同难度的任务，需要不同的情绪唤醒的最佳水平。在困难复杂的工作中，低水平的情绪有助于保持最佳的操作效果；在中等难度的任务中，中等情绪水平是最佳操作效果的条件；在简单工作中，高情绪唤醒水平是保证工作效率的条件。总之，活动任务越复杂，情绪的最佳唤醒水平也越低。我们了解了情绪与操作效率之间的关系，就能更好地把握情绪状态，使情绪成为我们认知操作活动的促进力量。

2. 瓦解作用

情绪对认知操作的消极影响，主要体现在不良情绪对认知活动功能的瓦解上。一些消极情绪，如恐惧、悲哀、愤怒等，会干扰或抑制认知功能。恐惧情绪越强，对认知操作的破坏就越大。考试焦虑就是一个典型例子，考试压力越大，考生考得不好的可能性就越大。一般来说，中等程度的紧张是考试的最佳情绪状态，过于松弛或极度紧张都会瓦解学生的认知功能，不利于考生正常水平的发挥。当一个人悲哀时，也会影响到他的工作或学习状态，导致注意力不集中、易分神，思维流畅性降低等。

由此可见，情绪的组织调控功能是非常重要的，情绪的好坏与唤醒水平会影响到人们的认知操作效能。

（四）适应功能

人对社会的适应是通过调节情绪来进行的，情绪调节的好坏会直接影响到身心健康。情绪对健康的影响是众所周知的。积极的情绪有助于身心健康，消极的情绪会引起人的各种疾病。我国古代医书《黄帝内经》中就有"怒伤肝，喜伤心，思伤脾，忧伤肺，恐伤肾"的记载。有许多心因性疾病与人的情绪失调有关，如溃疡、偏头痛、高血压、哮喘和月经失调等。有些人患癌症也与长期心情压抑有关。一项长达30年的关于情绪与健康关系的追踪研究发现，年轻时性情压抑、易焦虑和愤怒的人患结核病、心脏病和癌症的人数是性情沉稳的人的4倍。所以，积极而正常的情绪体验是保持心理平衡与身体健康的条件。西方俗语说，"一个小丑进城胜过一打医生"，就非常形象地说明了情绪对人的身体健康的影响。

七、情绪的表达形式

情绪是一种内在的态度体验，要想知道别人此时此刻的情绪状态，就要掌握一定的方法。当看到一个人手舞足蹈、放声大笑时，你就知道他现在很开心；当看到一个人横眉怒目、咬牙切齿时，你的经验会告诉你此刻最好离那个人远一点；当你在电话交谈中听到朋友的声音有些哽咽，不时地伴随有啜泣声时，你会适时地表达自己的关切之情。情绪的发生总会伴随某种外部的表现，虽然有些人能很好地掩饰自己的情绪，但一些不易察觉的细微变化仍然会表现出来。情绪的表达方式大致可以分为言语表达和非言语表达两类。非言语表达的情绪主要包括面部表情、肢体语言、语音语调。

（一）面部表情

面部表情是指通过眼部肌肉、颜面肌肉和口部肌肉的变化来表现各种情绪状态。面部表情也是人类情绪表达的最主要方式。例如，眉开眼笑、怒目而视、面红耳赤、愁眉苦脸、横眉冷目、泪流满面等面部表情，都能让我们了解他此刻的情绪及心理状态。有学者的研究表明，最容易辨认的表情是快乐、痛苦，比较难辨认的表情是恐惧、悲哀，最难辨认的表情是怀疑、怜悯。一般来说，情绪成分越复杂，表情越难辨别。

美国心理学家保罗·埃克曼的主要研究方向为人类面部表情的辨识、情绪分析与人际欺骗等。他在早年受达尔文《人与动物的感情表达》一书的启发，经过长达四十年的研究证实了达尔文提出的观点：人类表达愤怒、厌恶、满足、恐惧、惊讶、快乐和悲伤的表情是与生俱来的，无论哪种语言与文化，这七种基本情绪引发的面部肌肉变化大致都是一样的。而且，情绪的表达是下意识的，基本上难以抑制或隐瞒。

（二）肢体语言

肢体语言又称动作语言，是指用身体的姿态和动作的变化来表达个体的情绪。头、手、脚是肢体语言的主要表现部位，其中常用且较为典型的肢体语言为手势语和姿态语。手势语是通过手和手指活动来传递信息的，能直观地表现人们的心理状态，它包括握手、招手、摇手、挥手和手指动作等。手势语可以表达友好、祝贺、欢迎、惜别、不同意、为难等多种语义。姿态语是指通过坐、立等姿势的变化表达语言信息的"体语"。姿态语可表达自信、乐观、豁达、庄重、矜持、积极向上、感兴趣、尊敬等或与其相反的语义。高兴时手舞足蹈，失败时垂头丧气，紧张时坐立不安，献媚时卑躬屈膝，这些都是我们通过肢体语言了解别人内心状态的有效途径。

当然，也有心理学研究表明，肢体语言并不一定是通用的，会存在民族和文化的差异。如果你在一家法国餐厅用餐，想用环状"OK"手势来称赞厨师的厨艺高超，他很可能会勃然大怒，毫不留情地把你赶出餐厅。因为在法国的文化当中，这一手势意味着"零"或是"一无是处、毫无价值"。

（三）语音语调

语音语调是指通过语言的音调、音色、节奏变化来表达情绪。例如，人们在高兴时，语调高昂、节奏轻快；在愤怒时，音调变粗，语气尖锐严厉；在悲哀时，语调低沉、语速缓慢、平淡。同样的一句话甚至一个字，用不同的语音语调说出来，可以表达出不同的情绪。请尝试用不同的语气来说"哦"字，分别表达出疑问、恍然大悟、惊奇、鄙视等不同情绪。

第二节 大学生常见的情绪困扰与调适

一、愤怒情绪与调适

（一）愤怒的表现

愤怒是由于客观事物与主观愿望相违背，或愿望一再受阻、无法实现时的激烈情绪状态，程度可以从不满、愠怒、激愤到暴怒，特别是当人们认为自己所遭受的挫折不公正、不合理时，最易产生愤怒情绪。

愤怒极大地影响着人们的身体健康，会导致心律失常、失眠、高血压、胃溃疡等身体疾病；会使人的自制力减弱，不能正确评价自己行为的意义，甚至做出冲动行为，如打架斗殴、毁损物品等。

（二）愤怒产生的原因

愤怒产生的原因主要有以下几个方面。

第一，人格特质。先天气质类型是一些大学生激动易怒的重要原因。例如，胆汁质的大学生更具有冲动、易怒的情绪特征；自我评价偏高、鲁莽、冲动的大学生也容易发怒。

第二，年龄阶段性。大学生正处在身心急剧发展、情感丰富强烈、情绪波动起伏大的青年期，他们精力充沛、血气方刚，因而容易在外界刺激下产生愤怒情绪。

第三，认知偏差。有些大学生容易动怒是因为存在一些错误的认识，如认为发怒可以威慑别人，使人尊重自己；发怒是男子汉气概的体现；发怒可以维护自己的利益或尊严等。

第四，家庭环境。生活在终日争吵不休甚至充满暴力的家庭环境中，以及成长过程中缺失个性修养教育，都是造成大学生易怒性格的原因。

（三）愤怒情绪的调适

要克服激动易怒的不良情绪，大学生应该做到以下几点。

1. 加强修养

发怒并不能解决任何问题，只会激化矛盾和招来他人的厌恶和敌意。只有加强自身修养，以开阔的胸襟宽容、体谅他人，不为小事斤斤计较，才能得到别人的信任、尊重和理解，才能与他人建立真诚的友谊。

2. 合理疏导

对于不良情绪（如愤怒等），如果一味克制、压抑而不加以疏导，同样会影响身体健康。因此，大学生要学会通过适宜的途径合理疏导不良情绪，可以采取与他人交谈、写书信、记日记等方式缓解愤怒情绪，还可以在情绪激动时进行剧烈的体育活动或喊叫以宣泄愤怒。但是，无论采用哪种方式，都要适时适度，既不能损害自身，也不能影响他人，更不可危害社会。

3. 冷静克制

在与他人发生矛盾冲突，即将动怒时，要用理智和意志控制冲动的情绪，尽量缓解或避免怒气发作。这时可以暂时离开使自己动怒的环境，待回来后往往已风平浪静；可以进行自我暗示，如在情绪激动时提醒自己要冷静，心中默念"冷静"。深呼吸也是控制愤怒的好方法，在即将要发火的时候，深呼吸，同时在心中默数数字。这时你也许会发现，你已经忘了是什么挑起了你的怒火，那个激怒你的人的面目似乎也不再那么可恶了。

二、焦虑情绪与调适

（一）焦虑情绪的表现

焦虑是一种伴随某种不祥预感而产生的令人不愉快的情绪，是一种复杂的情绪状态。它包含着紧张、不安、惧怕、烦躁、压抑等情绪体验。许多人说不出自己焦虑的原因，但研究已经表明，事情的不确定性是产生焦虑的根源。

焦虑可划分为三类：一是神经性焦虑，即当大学生意识到内心的欲望与冲突却无法控制时所发生的恐惧感。有时是无名的恐惧，有时是强烈的非理性恐惧。二是现实性焦虑，这种焦虑是由现实环境的压力与困难引起的，大学生无力应对。

例如，无力参与竞争、期望过高、要求过严、社会文化差异悬殊等。三是道德性焦虑，这种焦虑是由社会生活准则引起的，大学生对自我的责备与羞愧感，因唯恐犯错误或触犯不能逾越的规定而时常自责，受到罪恶感的威胁。这三种类型的焦虑不是单一的，有时神经性焦虑与现实性焦虑混合起来；有时道德性焦虑与现实性焦虑混合起来；有时神经性焦虑与道德性焦虑混合起来；有时也可能是三种焦虑的混合。

并非所有的焦虑都是病理性的，大学生的焦虑大多是正常的焦虑，即客观的、现实的焦虑。这种焦虑是一种比较普遍的情绪表现，有些比较轻微的焦虑往往会随时间的延长而自动消失。适度的焦虑具有积极的作用，它能使大学生在各种活动和学业上表现出色，维持良好的人际关系；过分的焦虑可使人心情过度紧张，情绪不稳定，不能正确地推理判断，记忆力减退，以致影响考试成绩和人际关系。对于那些自己感到无法控制的、比较严重和持久的焦虑表现，或焦虑性神经症的表现，大学生则应及时寻求心理咨询师的帮助。

（二）焦虑产生的原因

1. 适应困难

因适应困难而产生焦虑，是大学生中比较常见的情况。生活环境和学习方式的转变，造成大学生对新环境难以很快适应，因而引起各种焦虑反映。例如，一位到心理咨询中心咨询的大学生谈道，进入大学以前生活上的事都由父母包办，衣食住行都有人给自己安排，现在这一切都要自己来做，却不知如何去做，除了学习，还要想着怎么去处理这些事，因此他感到焦虑不安。从这个例子可以看出，这位大学生由于生活在一个过分依赖的家庭环境中，其独立生活的能力较差，因此当置身于一个新的不得不依靠自己独立安排生活的环境中时，常常因不知该如何做而产生焦虑情绪。

2. 学习上的不适应

学习上的不适应也是促使焦虑产生的原因。不少大学生习惯了高中时那种被动的学习方式，上大学后对大学的学习方式不能很快适应。教师课上讲的内容不多，自己自学的时间较多。到了图书馆，又不知如何学起，无所适从，由于学习方法不得要领，学习成绩下降。一些大学生对以后的学习生活和前途感到忧虑不安，极个别大学生的担心自己会完不成学业，陷入焦虑状态之中。

3. 考试焦虑

考试焦虑是大学生中较常见、较特殊的焦虑情绪，即因担心考试失败或渴望获得更好的分数而产生的一种忧虑、紧张的心理状态。考试焦虑一般在考试前数天就表现出来，随着考试日期的临近而日益严重。研究表明，大学生把对好成绩的期望降低到适当的水平，可以减轻考试焦虑。

4. 过分关注身体健康状况

过分关注身体健康状况是大学生中常见的焦虑产生的原因。大学生因学习比较紧张，脑力劳动任务比较繁重，存在着一些可能使健康水平下降的因素，如失眠、疲倦等。当这些因素作用于那些过分关注自己健康状况的大学生时，便有可能导致焦虑的产生。咨询中心常接待一些大学生，自感身体不适、睡不好觉，几次到医院去检查，任何指标都正常，但就是自感身体不舒服，终日无精打采，因此影响了学习。对于这种情况，要克服焦虑首先就要正确认识人的脑力活动对健康的影响，合理安排时间，注意劳逸结合，增强体育锻炼，而不应该沉湎于对自身身体状况的过分关注，因为这有可能通过暗示作用使自身身体的各种不适感加重，从而加重焦虑情绪。

（三）焦虑情绪的调适

1. 少拖延，早办事

焦虑的出现，很多时候是因为需要在很短的时间内完成很多或者很复杂的事情，这种"时间不足"的情况却往往是由故意拖延所致的。有些学生习惯性地将事情拖到最后期限才处理，有些学生则把问题拖到最后一刻才肯面对。若大学生在一开始便能当机立断，积极行动，自己便会有充裕的时间、空间、资源、精神和体力去准时完成计划，焦虑出现的机会也会极大地减少。

2. 及时消除烦恼

再有能力的人，也会有一些难以解决的问题和烦恼，若处理不当，焦虑就会出现并累积。出于自尊，很多人会羞于向别人提及自己的问题和烦恼。其实找人倾诉的好处有很多，由于人各有专长，一个人认为难以处理的事，在其他人眼中可能十分容易；而且，将事情向别人倾吐后，不愉快的情绪也会随之宣泄，压力和焦虑会得到释放，感情的负担得到释放，人会变得较为冷静和清醒，解决问题的能力也会提升。

3. 保持均衡的生活方式

均衡的生活方式，可使身心各持健康，减少焦虑的发生。对大学生来说，学习固然是非常重要的一个环节，但切不可忽略身体健康和感情生活的均衡发展。身体健康是指有充足的休息和运动，饮食有节制。运动有强身健体、保持体态及舒缓紧张的功效，是预防或消除焦虑的重要手段。在感情生活方面，大学生应增进与家人或朋友的联系，他们会在你遇到挫折时成为重要的精神支柱和物质支柱，帮助你消除障碍及生活上的种种挑战。

4. 不过分追求完美

怎样的要求才算恰当呢？答案因人而异。以个人的能力能做到80分，就不要勉强自己做到100分。大学生需要以坦诚的态度，通过不断反思和与人沟通来了解自己的长处、弱点及性格特质，从而确定要求和期望。若能量力而行，焦虑出现的概率自然会减少。

三、压抑情绪与调适

很多大学生常常感到自己的情感不能尽情倾诉，尤其是在面向未来社会的过渡和准备阶段，有很大的压力。据调查，约70％的大学生"时时感到一种压抑感"。

（一）压抑情绪的表现

压抑是当情绪和情感被过分克制约束，不能适度表达和宣泄时所产生的内心体验，它混合着不满、苦闷、烦恼、空虚、困惑、寂寞等多种情绪。有时候人们知道自己在压抑什么，但更多的时候人常常不知压抑来自何方，更不知如何消除压抑。处在压抑、苦闷状态的大学生常常表现出精神萎靡不振，缺少青年人应有的朝气和活力，对生活失去兴趣，不愿主动与人交往，感觉迟钝，容易疲劳，不满情绪和牢骚多等。长期严重的压抑极易导致心理障碍。

（二）压抑情绪产生的原因

大学生思想活跃，兴趣广泛，精力充沛，无不渴望体验丰富多彩的大学生活，但现实中的生活是繁重的课程、激烈的竞争、沉重的考试压力和单调枯燥的业余生活，于是乏味感、压抑感油然而生。

大学生自身的心理、生理和社会性发展中的矛盾性特点，也是其产生苦闷、压抑情绪的重要原因。比如，一方面他们强烈地希望与人交往，得到理解和友谊，体验爱情的甜蜜，另一方面自我评价不当，认识错误，缺乏交往能力等，使得他们在交往中畏缩不前甚至自闭自锁，感情无处寄托，体验到郁闷感、痛苦感、压抑感。

此外，大学生因受不良社会风气和现象的冲击而产生的困惑、迷惘以及个性上的缺陷，如固执、刻板、退缩、过分敏感等，都易使其产生情绪困扰，若不及时调适、宣泄，长期累积也会造成压抑感。

大学生在交往过程中，过分注重对方的感觉和需要，以对方为中心，不敢说出自己的真实想法和意见，以为这样可以很好地维护友谊，长此以往也会使自己感到很压抑。

（三）压抑情绪的调节

情绪的压抑主要是指负性情绪的过度内化，个体对负性不良情绪的反复体验，使得不良情绪问题堆积，没有找到合适的宣泄途径。调节压抑情绪首先要将不良情绪转移。长时间的情绪压抑其实是一种负性能量的堆积，因此，在情绪压抑时要学会情绪能量的转移：一是个体可以为自己设置一个目标，参加某个兴趣小组、等级考试或者进行体育锻炼等。二是尽可能地改变周围的环境。环境可以营造良好的心境，这种心境会带来积极情绪。

情绪对人的影响是无处不在的，异常的情绪会使人的身心健康受到损害，而良好的情绪能唤醒身心，有利于提高学习和工作效率。

四、抑郁情绪与调适

抑郁一词其实有许多不同的意义，可以指一种情绪状态，也可以代表症状、症候群或者一种临床疾病。抑郁是每个人一生中是最常体验到的负向情绪。抑郁来自人们面对困难或挫折时，产生悲哀、孤独、虚无等情绪，这些情绪难以借助行动或思考获得排解。许多研究指出，抑郁情绪和抑郁症似乎是在一个连续向量的不同位置，两者仅有程度上的差异，在本质上并无不同。

（一）抑郁情绪的表现

在情绪方面，抑郁情绪表现为悲伤、沮丧、低落；在行为方面，抑郁情绪表现为哭泣、动作缓慢、社交退缩、对日常活动失去兴趣，甚至出现自我伤害、自杀的行为；在认知方面，抑郁情绪表现为认为自己没有价值，得不到帮助，对事情持悲观看法，对未来充满绝望，对环境则有不满、厌恶的想法；在生理方面，抑郁情绪表现为胃口减小，睡眠困扰，疲倦，体重骤增或骤减等。

（二）抑郁产生的原因

有哪些因素会影响一个人的抑郁程度呢？概括来说，社会、心理、生物层面的许多因素都和抑郁情绪有关。

1. 社会因素

就社会层面而言，抑郁程度与生活压力、社会支持有关。个体感受到的压力越大，越容易有情绪困扰产生。而社会支持，则在生活压力和个人的身心健康中扮演了缓冲的角色，能保护个人免于生活压力的负面影响。个人拥有的社会支持越多，抑郁程度就越低。当面临生活中的种种变动与挫折时，若能有人给予一些安慰和鼓励，哪怕只是陪伴，或默默地支持、尊重其决定，也能给予其莫大的勇气。这些支持可能来自家人、朋友、师长，除了给予情绪上的支持之外，还可能提供一些信息、建议，或一起讨论、分享。

2. 心理因素

就心理层面而言，个人过去的成长经验以及早期与重要之人分离的情况都可能让个体在心理上变得特别脆弱。面对生活变动，人们的心情容易低落，感觉郁闷。除此之外，抑郁程度还与个人的性格特质、思维模式等有关，如有过高的自我要求、强烈的人际需求、内向或神经质的性格倾向等的人抑郁的程度通常较高。许多研究表明，抑郁者对自我、环境和未来皆持负面看法。他们认为自己是没有价值的、没有能力的，习惯于自我贬低、自责，同时倾向于以消极方式解释外在环境和经验，对事情的后果和未来也持无望、悲观的态度。研究也表明，抑郁者常有一些非理性的观念。

3. 生物因素

就生物层面而言，抑郁情绪还与基因影响、神经化学传导物质的不平衡、肾上腺素过低有关。有些抑郁情绪会与生理周期或者季节有关。例如，女性在月经来临前、服避孕药后，感到抑郁的概率会略有增加；产后容易并发抑郁症；有些人在冬季特别容易感到抑郁，这极可能和接受日照时间长短有关。

整体而言，个体所体验到的抑郁情绪，往往不是由单一因素引发的，而是许多因素作用后的结果。

（三）抑郁情绪的调适

1. 寻找生活中快乐的亮点

善于捕捉生活中的快乐，发现生活中那些令人愉快的因素，既有利于人们的身心健康，也有利于激发进取精神，使人们有信心迎接未来。在同样的客观情景下，人们感到快乐与否，与人们的主观观察和感受有着很大的关系。

2. 认同自我

丧失自我认同感就等于丧失了对生活的把握，这常常与迷惑以及丧失自信有关。所以，应该摆正自己的需求与偏好，不要自我攻击，因为自我攻击只能打击自己的信心。值得注意的是，这时候的自我比以往任何时候都需要他人的赞同与接纳。

如果大学生过分注重他人的评价，就会变得像木偶一般顺从他人。久而久之，他们会认为获得赞许的唯一办法就是牺牲自己的需求和意愿，从而越发顺从和讨好他人。

3. 寻求社会支持

在遇到问题时，大学生可以向亲人和朋友征求意见，这样就可以更勇敢地面对问题，而不会感到孤单寂寞。尽管他们未必可以帮忙解决问题，但至少会在了解情况后，给予鼓励和支持。

第三节 大学生情绪管理的基本策略

一、正确认识情绪

情绪有积极、消极之分。积极情绪包括喜悦、温情、感激、振奋、希望、自豪、激励等；消极情绪包括忧愁、悲伤、愤怒、焦虑、痛苦、恐惧、憎恨等。情绪作为生理上遭遇刺激时的较剧烈的生理评价和态度体验，强调内向信念和外向认知的一致性，因此无论是积极情绪还是消极情绪，只要表达适度，都是有意义的。

在大学期间的学习和生活中，生气、悲伤、恐惧都是正常的情绪反应，大学生不能因出现消极情绪而自责，也不能因是积极情绪就无限制地表现。

情绪是有周期性的。从心理学家的研究成果中我们发现，一般人的情绪变化呈现周期性的规律。情绪周期一般是28天，这期间有高潮期、临界日和低潮期。

在高潮期人们感到心情愉悦,在临界日人们感到心情容易烦躁,而在低潮期人们感到情绪低落。

情绪节律几乎不受后天影响,因此在管理情绪时,要学会顺应情绪的自然规律,依据其周期性来安排自己的学习、生活,不刻意强求,才有利于保持良好的情绪状态。

二、调控期望值

需要是人的情绪产生的根源和基础,需要越强烈,情绪反应也就越强烈。在现实生活中对自己、对他人的期望值过高,势必在需要难以满足时产生消极的情绪反应。因此,调控期望值就成为自我调节情绪的方法之一。不要苛求自己,不要把目标定得过高,脱离实际。

一个情绪健康的人应能够对自己的能力做出客观的评价,在此基础上确定适合自己的奋斗目标,并通过自身的努力最终实现目标。在实现目标的过程中,个人的需求得以满足,个人的价值得以实现,能使自己的情绪处于良好的状态。在现实生活中,每个人都不是完美无缺的,都具有优点和缺点。

人们在生活、学习和工作中都需要相互关心和帮助,但一个人也不可能凡事都寄希望于他人,尤其不能有不切实际的过高期望。在做各类事情时,首先应当立足自身,主要依靠自己的力量努力把事情办好,其次才是考虑他人的可能性。否则,对他人期望值过高,而期望得不到回应就会备感失望,就会抱怨他人,其结果是使自己的心理平衡受到干扰,从而产生不良情绪。

三、运用积极的自我暗示

暗示是运用内部语言或书面语言以隐含的方式来调节和控制情绪的方法。暗示现象在日常生活中随处可见。比如,中国古代汉语中所描述的"望梅止渴""草木皆兵""杯弓蛇影"等,都是暗示作用的生动写照。

暗示对人的情绪乃至行为都会有一定的影响,既可以松弛过分紧张的情绪,也可激励自己。自我暗示一般是用不出声的内部语言默念进行,但也可以以自言自语,甚至在无人处大声对自己呼喊的方式来加强效果,还可以将提示语写在日记本上、条幅上,贴在墙上、床头等,以便经常鞭策自己。

遇到挫折时,适当地进行自我安慰,可以缓解矛盾冲突,有助于保持心理的稳定。例如,考试不理想时,可用"胜败乃兵家常事""失败是成功之母"来自我安慰;被小偷掏了钱包,感觉很气恼时,可用"破财消灾""塞翁失马,焉知非福"来安慰自己。

偶尔利用自我安慰的方式对缓解紧张情绪有积极的作用，但经常使用，可能导致当事人不能认清现实，不能恰当地认识和评价自我，反而对身心健康造成不良的影响。

四、妥善调节自己的情绪

大学生可以通过对情绪的自我调节，克服不良的情绪，从而培养健康的情绪，保持良好的情绪状态。情绪的发生及表现与人的认知直接相关。一个人对周围的事物或自己的行为、思想做出什么样的评价，就会导致相应的情绪反应。

大学生要想学会情绪的自我调节，应该善于克制和宣泄情绪。在日常生活中，每个人都难免会遇到不良刺激而出现情绪反应，这就需要大学生对一些不良情绪加以克制，要善于制怒和适当忍让、回避，以避免不良情绪的爆发。当有不良情绪时，大学生要用理智告诫和提醒自己，或者接受他人劝解，转移注意力。当然，克制情绪并不是无限度地压抑自己的情绪反应，而要进行有效的情绪宣泄和释放，疏导负性情绪。例如，愤怒时，大学生可以进行体育锻炼，或作诗、作画、练习书法；悲伤时，可以找知心朋友倾诉，或大哭一场，释放能量，必要时还可寻求心理咨询的帮助。

大学生在提高自己修养的同时，还应注意培养幽默感。幽默感本身就是一个人心态乐观的体现。幽默感有助于个人适应新环境，它既可以使窘迫、难堪的局面在笑语中消逝，也可以使紧张的情绪变得轻松，还可以使痛苦的情绪、烦恼的情绪、忧愁的情绪消失。幽默感与人的生活态度密切相关，大学生应树立乐观的生活态度，用微笑迎接世界。此外，幽默感还与人格的成熟水平有关，当代大学生的人格正处于发展、完善、成熟的过程之中，可通过健全自己的人格来培养幽默感。学会情绪的自我调节，首先要从提高自己的修养入手，培养幽默感。只有具有良好修养的人，才懂得控制和调节情绪的意义，才能够有效地驾驭自己的情绪。

另外，大学生还要培养自己宽阔的胸怀、豁达的心胸，面对现实，接受现实，正确地认识自己，多交朋友，对周围的人多一些理解与宽容。也可以通过音乐来调节自己的情绪，如听一些旋律优美、意境广阔、充满活力的音乐，以消除烦恼，保持愉快的心情。

五、建立积极的自我意象

从情绪经历来看，情绪表现和体验常常与人对自己的看法一致。很多人常常这样评价自己，如"人家说我热情开朗""我是个天生的乐天派""我这个人老是容易发脾气""我总是担心害怕"等。因此，想要调节、改变自己的情绪活动，使自己成为有修养的人，必须建立积极的自我意象。

（一）把注意力集中于成功的经历

把注意力集中于成功的经历，从中悟出道理，是建立积极的自我意象的重要途径。积极的自我意象意味着对自己的积极评价，而积极评价来源于成功的经历。过去的情绪活动有过多少失意和失误并不重要，重要的是汲取并强化那些成功和积极的情绪经验。这样，就可以把自己的情绪活动导入良性循环的轨道。

（二）从想象和装扮入手

英国著名喜剧演员斯图尔特年轻时很羞怯，与人谈话时支支吾吾，甚至不敢向行人问路，为此，斯图尔特吃尽了苦头。后来他终于找到了办法：同陌生人谈话时，把自己就装扮成另一个人，用与这个人物身份一致的语调说话。这使他受益匪浅，难为情、拘谨、羞怯的毛病都不再出现。而且，他的朋友很快注意到，他模仿别人特别像，并制造出令人愉悦的滑稽效果，斯图尔特也因此开始登上舞台。斯图尔特的实践验证了心理学中的一条重要的原理：扮演某一角色会帮助人们体验到他所希望体验的情绪。当一个人扮演成一位自己希望成为的人物时，就会有意无意地用相应的标准来要求自己，并按照相应的行为方式行事。当然，这种活动一开始是很困难的，不过只要坚持下去，就会逐渐心领神会并习以为常。

自我意象就是关于"我是什么样的人"的自我心像，是人们给自己画的一幅心理肖像，尽管这一肖像在大多数人的意识之中是模糊的，但它对人们心理活动的调控是明显的。一个人把自己看成什么样的人，就会按什么人的方式行事；对自己有什么评价，就会不断地寻找各种事实来证实这种评价。人的所作所为、所感所想，常常是与其自我意象一致的。

六、运用正确的放松方式

运用正确的放松方法，进行合理的放松训练，可以起到良好的调节情绪的作用，对大学生的情绪管理具有重要意义。

（一）多做呼吸放松练习

一般人的胸腔呼吸通常过于急速和虚弱。建议采用腹腔呼吸以减缓压力，方法是：可先舒服地坐好，把左手放在胸腔上，把右手放在肚脐上，用平常的方法呼吸一分钟。当吸气的时候，如果右手在动而左手不动，表示用腹腔呼吸；如果左手在动，或者两手都动，那就不是腹腔呼吸，而是胸腔呼吸。

想要用腹腔呼吸，必须注意以下几点。

①停止错误的呼吸方法。

②不要穿紧身衣服。

③用鼻子而不是嘴巴呼吸。

④每天做两次各四分钟的腹式呼吸练习。

同时练习放松肌肉。当呼气的时候，想象脑内啡肽把前额肌肉的紧张感从身体中释放出去。一次又一次地呼气，同时想象脑内啡肽将下巴、颈部、肩膀、手臂、手、腿和脚的紧张感释放出去。

这种呼吸方法可以让人暂时从焦虑和自我困扰的情绪中转移注意力，让人感觉好多了。如果要想真正地改变自我，可以将呼吸放松练习和调整心态一起运用。

（二）听音乐放松

如果要列出大学生最喜爱的放松方法，音乐可能会位居榜首。音波的振动能起到舒缓作用，同时，音乐犹如化学催化剂，它能改变内分泌，使人放松。音乐可以对抗压力，化解忧愁，改善睡眠，缓解疼痛，调节代谢，减轻病症。

选择音乐进行放松时要有所选择，一方面要根据自己的兴趣选择，绝不能勉强自己听一些不喜欢的曲调，以免产生相反的效果，继而造成压力。另一方面要考虑自己的情绪，感到兴奋躁动时要听安静的音乐；感到忧郁愁闷时先听忧郁的音乐，产生共鸣之后，再听欢快的音乐；感到压抑时，要听摇滚乐；感到紧张时，要听曲调轻松、流畅，旋律优美的古典音乐。

（三）好好享受运动

运动可以增强体质，增进健康。运动还可以缓解压力，它可以激起脑内啡肽，缓解情绪低落，也会阻碍焦虑或其他强迫性想法，帮助大学生更积极地思考。运动带来的快乐，可以让生活更加丰富多彩。运动的经验，例如使用身体的方式，可让大学生换一种思考方式，而不再执着于旧有的思考方式。

很多人在工作累了以后，选择喝茶、看电视、睡觉、打牌等方式放松，而认为运动只会让身体更累。这种观念是非常错误的。我们要知道，运动是一种主动的放松方式，可以让疲惫的神经得到彻底放松。在大学中，大学生可以选择慢跑、篮球、足球、健美操等有氧运动项目，并坚持每日运动。

七、合理宣泄不良情绪

心理学研究表明，情绪的产生能刺激体内产生能量，如极度愤怒的情绪可以使人处于应激状态，消化活动被抑制，糖从肝脏中释放出来，肾上腺素分泌增多，血压升高，体内能量处于高度激活状态。这种聚集在体内的能量如果不能被及时疏泄，长期积压就会形成"情结"。精神分析学家认为，情结是一种被压抑在潜意识中的愿望或不快的念头，在意志控制薄弱时会以莫名其妙的不安感或症状表现出来，形成一种情绪障碍或变态心理。因此，为了降低精神上的过度紧张感，避免产生因心理因素而出现的疾病，很有必要将受到较大挫折后积压在心头的痛苦、愤怒、悲伤、烦恼等紧张情绪发泄出来。当然，这种发泄不能毫无顾忌、不择手段、为所欲为，必须合理地控制在既能降低自己的紧张情绪，又不会使他人受到伤害的范围内。我们称这种有节制的发泄为合理宣泄。具体来讲，可以通过以下方式进行不良情绪的宣泄。

第一，寻找一个正常的宣泄通道。不良情绪要进行宣泄，不要无限度地压抑自己的情绪反应，而要疏导负性情绪。人在感到愤怒时，可以进行体育锻炼，或练习书法；感到悲伤时，可以找知心朋友倾诉。

第二，用诉说代替抱怨。诉说就是将自己的情绪用恰当的语言坦率地表达出来，把闷在心里的苦恼倾诉出来，把所受的委屈全摆出来。这样，当事人双方能增进了解，冰释前嫌，减少矛盾和冲突。对自己所信赖的人表达情绪，既可得到同情和理解，又能求得疏导和指导，即所谓"一个快乐由两个人分享，就变成了两个快乐；一个痛苦由两个人分担，就变成了半个痛苦"。

第三，用哭的方式将不良情绪宣泄出来。若遇到意外打击，产生较大的悲伤、愤怒、委屈的情绪时，也可以用痛哭的办法宣泄自己的情绪。生理学家经过化学测定发现，人因情绪冲动流出的眼泪能把体内精神受到沉重压力而产生的有关化合物发散出来并排出体外。因此，人们在痛哭之后总会感到舒适轻松一些。

另外，情绪本身有一种自我调节的机制，情绪表现的过程也就是情绪缓解的过程，情绪表现得越激烈，情绪缓解就越充分。一旦情绪缓解之后，因情绪紧张而带来的感觉、记忆和思维障碍也就自行消退。这样人们便可以较客观地感知外界事物，恢复相关的记忆，并能冷静思考，寻找挫折的原因和解决问题的方法。

第三，用行动带动情绪。实实在在地做些事情可以让人从自己或他人那里获得正面的反馈，从而改变心情的不佳状态。"行为可以改变感受"，这是心理学家研究的一大发现。研究表明，忧郁者比非忧郁者更少从事令人愉悦的活动，当忧郁者懂得将更多令人开心的活动带入自己的生活时，他们的心情会变得更好。

第四，反向心理调节。面对困境，人们常常会感到沮丧。如何从不良情绪中摆脱出来呢？一种方法就是从相反的方向思考问题，心理学上把这种心理调节的过程称为反向心理调节法。这种方法常常能使人战胜沮丧，从而从不良情绪中解脱出来。

人生之路不可能一帆风顺，总会有困难、挫折和痛苦，叹息也好，焦急也罢，都无助于问题的解决。那么，与其在那里唉声叹气、惶惶不安，还不如拿起心理调节的武器，从相反方向思考问题，使情绪由"阴"转"晴"，摆脱烦恼。

第五，转移注意力。转移注意力就是从主观上努力把注意力从消极或不良的情绪状态转移到其他事物上去的一种方法。能对情绪产生强烈刺激的事情，通常都与自己的切身利益有关，要将其快速遗忘是很困难的。因此，单靠消极地躲避是于事无补的，更有效的办法是进行积极的转移。科学研究表明，在发生情绪反应时，大脑中心有一个较强的兴奋灶，此时如果另外建立一个或几个新的兴奋灶，便可抵消或冲淡原来的中心优势。当情绪处于不好的状态时，人们可通过转移注意力来平静自己的情绪，如外出散步、听音乐、跳舞、打球、找朋友聊天、读本轻松的书、看场电影等，总之，使自己的心思有所寄托。这样，由不愉快的事情所引起的不良情绪体验，就会在不知不觉中烟消云散。

第七章　大学生生命教育与心理危机应对

生命教育是复杂的社会学问题、人类学问题、价值观问题，也是深刻的哲学命题。在人类工业文明、科技文明及商业文明高度发展的今天，大学生生命教育作为一项独立的课题研究，却越发凸显它的迫切性、时代性。此外，对于大学生的心理危机也要引起足够的重视，制订恰当的心理危机干预对策，以保证大学生身心健康发展。本章分为生命教育概述、大学生心理危机的表现、大学生心理危机的干预三部分。

第一节　生命教育概述

一、生命的起源与发展

生命是大自然的馈赠，是大自然不断演变的结果。一棵小草、一只兔子、一个人，都是生命的承载者。个体的生命只有一次，是最宝贵的存在。

（一）生命的含义和起源

1. 生命的定义

不同的学科对生命有不同的定义。医学上认为生命是生物活着的状态。生物学上认为生命是由高分子的核酸蛋白体和其他物质组成的生物体所具有的特有现象，能利用外界的物质形成自己的身体并繁殖后代，按照遗传的特点生长、发育、运动，在环境变化时，常表现出适应环境的能力。哲学上认为生命是生物的组成部分，是生物具有生存发展的性质和能力，是一种生存发展的意识。

根据不同的观点，我们将生命广义地定义为一切具有新陈代谢能力、繁殖能力、生长能力和环境适应能力的动植物和无机物的统一体；狭义的生命的定义是指人的生命。

2. 生命的含义

生命教育源于对生命的热爱，因此我们首先要了解生命的含义。

（1）生命是有限和无限的统一

人的生命是有限的，并且具有不可逆性，就如"开弓没有回头箭"一样，只能一路向前。但是人的意识和精神是无限的，我们要在有限的生命中去做无限有意义的事情，将生命的有限推向永恒的无限。

（2）生命是物质和精神的统一

生命首先是依托肉体而存在的，但是人之所以成为人，是因为人具有精神。当精神生命形成的时候才算有了完整的生命。肉体与精神是相辅相成的，肉体是基础，而精神统一着完整的生命。

（3）生命是理性和非理性的统一

理性主要是指与感性相对的各种自觉认识，一般比较客观且具有逻辑性；非理性是指人的感性认识及非逻辑的认识形式。人是唯一同时具有理性和非理性的存在物。

3. 生命的起源

自古以来，人们就怀着好奇的心理，无数次探索生命的奥秘。关于生命的起源，在世界各民族中曾经有过种种假说。"神创说"当属颇具影响力的一种学说。该学说认为，生命是由上帝或神创造的，其中流传最广的当数我国古代"女娲造人"的神话故事以及西方基督教宣称的"上帝造人说"。

女娲是中国上古神话中的创世女神。传说中女娲用泥土仿照自己创造了人，创造了人类社会。女娲成了我国民间流传广泛而又长久崇拜的创世神和始祖神。

《圣经》里的上帝造人故事，记载在旧约的创世纪之中。话说上帝花了五天时间创造了大地万物，到第六天他说："我们要照着我们的形象，按着我们的样子造人。"于是，他用地上的尘土造人，将生气吹进人的鼻孔后，就使它成了活生生的男人，取名亚当。不久他取下亚当的一条肋骨，造成一个女人，取名夏娃。这样，亚当和夏娃便成了人类的始祖。

直到 19 世纪中期，英国生物学家达尔文出版了《物种起源》，才提出了生物进化论的学说。书中用大量资料证明了形形色色的生物都不是由上帝创造的，而是在遗传、变异中，在生存斗争和自然选择中，由简单到复杂，由低等到高等不断发展变化的。这个论断摧毁了各种唯心的神造论和物种不变论。

随着科学技术的发展和人类认识能力的进一步提高，人类对生命的起源又有了更深的认识。从近年来召开的国际生命起源学术会议上的研究论文来看，关于生命起源的假说可归结为两大类：一类是"化学进化说"，另一类是"宇宙胚种说"。

"化学进化说"主张，生命是在原始地球条件下从无机到有机、由简单到复杂的一系列化学进化过程。生命的化学进化过程可分为四个阶段：从无机小分子生成有机小分子；从有机小分子形成有机大分子；从有机大分子组成能自我维持稳定和发展的多分子体系；从多分子体系演变为原始生命。

"宇宙胚种说"则认为，地球上最初的生命来自地球以外的宇宙空间，只是后来才在地球上发展了起来。在第十次生命起源国际会议上，有人提出："造成化学反应并导致生命产生的有机物，是与地球碰撞的彗星带来的。"尽管诸如此类的观点尚需进一步证明，但对陨石、彗星、星际尘云以及其他行星上的有机分子的探索与研究，了解那些有机分子形成与发展的规律，并将其与地球上的有机分子进行比较，将为地球上生命起源的研究提供更多的资料。

无论何种生命，都有一个由低级向高级的进化过程，人类生命更是如此。一般认为，森林古猿是人类最早的祖先。后来它们在漫长的岁月中不断进化，演化为现在的人。人类个体生命的起源来自精子和卵子的结合，几千万只精子穿越重重障碍，但最后只有一个精子与卵子受精，制造出一个胚胎，这才有了人类个体生命的开始。

（二）生命的构成

人的生命由物质因素、精神因素和社会因素构成，具有自然和社会的双重属性。生命的自然活动主要包括新陈代谢、生长、发育、遗传、变异、感应、运动等。生命的社会活动主要包括感知社会、角色扮演、人际交往、求学择业、社会竞争等。社会属性是人最主要、最根本的属性，它是决定人之所以为"人"的最根本的东西。下面我们从物质生命、精神生命和社会生命三个维度来剖析生命的构成。

1. 物质生命

生命个体通常都要经历出生、成长和死亡的过程。物质生命即自然，是一切生物体得以存在的根本前提，人的生命作为一种生物体生存，也是一种物质生命。人和其他动物一样，也有生存的物质需求，如对水、食物、空气等的需求。正是这种物质生命体的存在构成了人一切活动的基础，同时也是人一切活动最为基本的前提。

马克思主义认为："人们个体生存和人类社会存在与发展都离不开物质生活和物质利益的满足，都有对物质需要和物质利益的追求。"人们为了创造历史就必须生活。人的物质生命的存在是人存在的基础和先决条件，是人作为高级生命存在的物质前提，没有这个基础和前提，人的精神生命和社会生命就无从谈起。从这个意义上来说，人首先应当关注和保全的是物质生命，这样其他生命因素才有坚实的物质基础和依托。

2. 精神生命

精神生命是相对于物质生命而言的。人之所以为人，就在于人不仅仅是为了满足自己的物质生命而活着，还要追求超越物质生命的精神生命。也就是说，人除了吃穿住行用之外，还需要与其他人建立情感联系，希望受到他人的尊重，追求实现自己的能力或潜能并使之完善化等一系列心理上的需要。人的这些心理上的需要就是精神需要。

3. 社会生命

社会生命是指人的生命具有社会性。人是社会动物，任何人都不能脱离社会而存在。人的存在不是孤立的，而是处在一定的社会关系之中，所以人是一个社会性的存在，人的本质是一切社会关系的总和。社会性是人作为集体活动中的个体或社会的一员而活动时所表现出的有利于集体和社会发展的特性。

人的社会性具体表现为以下几点：首先，生活在社会中的人必定会受到社会制度、伦理规范、价值取向、文化传统等因素的影响与制约；其次，人不能脱离社会共同体而孤立、单独地存在，正如人一出生就具有自然属性一样，人一出生也一定处于特定的人类群体和社会中，并与其建立这样或那样的联系；最后，作为一个社会生命，人与人之间的交往是个体发展和社会发展的必要条件，交往的存在既是社会关系的实现，也是人际关系的实现。人类是群居的社会动物，人类活动的显著特征就是交往性。

人的生命是物质生命、精神生命和社会生命的统一体。在构成生命的三个维度中，人的物质生命是基础和前提。生命的这三个维度并不是孤立的，而是紧密地联系在一起的，并共存于一个生命体中。舍弃任何一个，人的生命都是不完整的；舍弃任何一个，人就不能称得上是完全意义上的人。

（三）生命的特征

一般来说，生命具有以下特征。

1. 生命的有限性

人的自然生命是有限的,是任何人都无法摆脱的。这种有限性主要体现在以下几个方面。

其一,人的自然寿命的有限性。《黄帝内经·素问·上古天真论》里说:"尽终其天年,度百岁乃去";《黄帝内经·灵枢·天年》三度提到人的天年为"百岁";《尚书·周书·洪范》以百二十岁为寿……这些表明古人推算人类的自然年龄为一百至一百二十岁,与现代科学的测算大致相符,说明人类的自然寿命是可以达到百余岁的。但无论活到多少岁,人终究要死去,也就是说,人的寿命是有限的。

其二,人生际遇的不可控性。社会现实反复表明,绝大多数人是达不到自然寿命的。因为各种突如其来的疾病、人为造成的灾难以及各种偶然事件,都可能使个体生命突然消失。值得指出的是,在当今社会,由于自然环境恶劣、社会矛盾加剧,人生所招致的种种厄运呈急剧增长趋势。

其三,认识经历的不可逆性。"不同于实验室中的物理实验和化学实验,也不同于计算机,可以无数次重复,可以推倒重来,人的生命过程只有一次,没有重新开始。"这一不可逆性让人们不免产生种种遗憾。生命的有限性还表现在若干因素共同构成对生命的许多限制,既包括人作为生物体的自然限制,也包括人作为社会人所必然受到的社会限制。当然,我们说社会限制是必需的,社会限制虽然在一定程度上对个体形成制约,但是正是这种制约使得个体的人远离了动物的本能,使个体成了社会中的自由而文明的人。

2. 生命的超越性

我们说,人一方面是有限的自然存在物;另一方面人又是一种有理性的存在,他有着超越自身有限性的理想。古往今来,人们上下求索,总是为了追求超越自身有限性这一理想。然而,迄今为止,人们仍然没有找到一条通往智慧境界的路径。尽管如此,人类始终没有放弃追求,因为这种超越性源于人之为人的本性。在漫长的人类前行的征程中,人总是在对未来的追求中否定现实,正是在这种自我否定中实现着生命的超越。

人类通过发明创造改造自然,通过对象化的活动将人的身体扩展到整个自然界,并在此基础上创造出了丰富的文化世界、信仰世界和科学世界。人渴望超越,超越人的自身存在,超越现实的存在,正是在不停地超越中,人们实现着生命价值的提升,不断走向新的解放,生成新的自我。

3. 生命的独特性

地球上的生命个体都有其独特性,正如世界上没有两片完全相同的树叶一样,世界上也不存在两个完全相同的生命个体。人的遗传素质具有差异性，这种差异性表现在体态、感官等生理因素上。

遗传的差异性决定了人先天具有的独特性以及在后天发展中的优势结构，所以，不同的人会表现出不同的爱好和特长。先天的遗传素质奠定了人独特性的基础，但是，人生命的独特性不仅取决于由个体的遗传素质决定的生理因素，还取决于人后天形成的个性、思维、精神等因素。所以，即便是孪生姐妹，相同的遗传基因也因后天生活、环境、教育和实践活动的不同而使人有不同的发展，形成不同的个性。

4. 生命的精神性

人的生命既包括自然赋予人的肉体生命，又包括后天获得的精神生命，一个完整的生命是自然生命和精神生命的和谐统一。

人既生存于世界之中，又生存于自我的意识之中，人能够意识到自身生命在世界之中的活动，并在人的意识之中给出人的活动。人对人的生命活动的意识构成生命的意义。人的生命是一种追求意义的存在。美国作家赫舍尔特别强调，"探索有意义的存在是实存的核心"。

人生的过程，就是生命个体不断追求生命意义、实现生命发展的过程。个体对人生意义的追寻提升了个体的生命存在，照亮了人的生命之流的方向。所以，人作为生命的存在，就是要从自身生命的自然存在出发，珍惜自己的生命，并在此基础上超越自然的存在，追求自身存在的价值，从而使人生变得更加有意义。

5. 生命的完整性

从历史角度来看，一些教育家把人理解为"自然人""精神人""社会人"。这样的理解都是从某一个侧面来概括和描述人的特性，而没有蕴含一个人的全部特性。换言之，他们剥离了生命的完整性，所以这样的表述是片面的。德国哲学家卡尔·西奥多·雅思贝尔斯指出："毋庸置疑，生命是完整的，它有年龄、自我实现、成熟和生命可能性等形式，作为生命的自我存在也向往着成为完整的。只有通过对生命来说是合适的内在联系，生命才能是完整的。"

就个体的生命而言，现实的人都是完整的人。他们既有躯体也有思想，既有物质需要也有精神的追求。生命随着年龄、成熟、自我实现等形式而逐步完善。我们可以对生命加以分解研究，如自然生命、价值生命、社会生命等，但实际上脱离了完整性，自然生命就不再是"人"的自然生命，而只是一个躯壳。生命的完整性是人存在的一个基本特征，任何对人的生命的解读和以生命为对象的实践，都必须建立在这一完整性的基础上。

6. 生命的实践性

实践是人的生命存在的方式，也是人不断追求生命意义、实现人生价值、走向生命超越的途径。人通过实践这种方式表达、展示、丰盈、提升并体验其生命的存在。人在实践这种主动的生存方式中积极追求生存之道，寻求更好的生活。儒家就强调在人生实践中创造人生的辉煌，儒家主张积极入世："天行健，君子以自强不息"，让人们在生命的实践中"读万卷书，行万里路""知其不可为而为之"，以"立德、立言、立功"，实现人生的圆满境界。

二、生命教育的阐释

生命教育是直面人的生命的教育，其目标在于让人们认识生命、了解生命，懂得敬畏生命、珍惜生命，学会积极生存、健康生活、独立发展，实现自我生命的最大价值。

（一）生命教育的概念

生命教育，顾名思义是与生命有关的教育，是以生命为核心，以教育为手段，倡导学生认识生命、珍惜生命、尊重生命、爱护生命、发展生命的一种教育活动，帮助学生提升生命质量，获得生命价值。生命教育能够唤醒学生的生命意识，让学生认识生命和珍惜生命，这是生命教育的重中之重。

生命教育有狭义和广义两种概念。狭义的生命教育是指对人生命本身的关注，包括个人生命与他人的生命，进而扩展到一切自然生命的教育。广义的生命教育是一种全人类的教育，它不仅包括对生命的关注，还包括对生存能力的培养和对生命价值的提升。

（二）生命教育的发展

生命教育最早于1968年被正式提出并实践，然后由美洲、大洋洲、欧洲再扩展至世界各地。我国于20世纪90年代引入生命教育，其最早出现在中国台湾地区，并且在理论研究和课程实践上都取得了显著成就。后经由部分学者的呼吁和政府部门的支持，我国的生命教育得到进一步发展，现已成为国家战略和社会普遍关注的议题。

1. 生命教育在国外的发展

生命教育在美国起源并向世界其他国家或地区辐射发展，是一个借鉴、转换和继承、创新的过程。在美国，生命教育最突出的特点就是与"死亡教育"融为一体。20 世纪 90 年代，美国中小学的生命教育已基本普及。目前美国的生命教育大致分为人格教育、迎接生命挑战的教育和情绪教育三类。

1979 年，澳大利亚成立了"生命教育中心"，这是西方国家最早使用生命教育这一概念的机构，该中心已成为一个正式的国际性机构，是联合国的"非政府组织"中的一员。澳大利亚非常重视悲伤教育，并于 1977 年成立了"全国失落与悲伤协会"，每年以不同的主题开展"失落与悲伤"活动，旨在思考如"如何处理日常生活中遇到的各种丧失，不断积累经验以期能够更有智慧地处理更大丧失时悲伤的过程"。

英国的生命教育直接源自澳大利亚。1986 年威尔士王子访问澳大利亚之后，在英联邦 14 个地方都建立了沿袭澳大利亚"生命教育中心"的慈善性机构。英国生命教育是一种全民培养与全民关怀的教育，以学生灵性、道德、社会和文化的发展为目标，虽然它和公民教育的名称有异，但在教育理念、内涵外延和追求的目标等许多方面一致，是围绕并伴随公民教育一起产生和发展起来的。

德国对生命教育的理解是"死亡的准备教育"和"善良教育"。"死亡的准备教育"重在引导人们以坦然、明智的态度面对死神的挑战；"善良教育"重视对学生善良品质的培养，主要内容有爱护动物、同情弱者、宽容待人和唾弃暴力。在实现途径上，德国生命教育以课堂教学为主要渠道，通过学科渗透的方式，辅之以社会实践活动，在不同学科和不同形式的教学中体现。

2. 生命教育在国内的发展

从 20 世纪 90 年代开始，生命教育逐渐成为热点议题，大致经历了 4 个相对区分的阶段。

第一，教育忧思与本土探索阶段。基于对教育问题的忧虑和反思，20 世纪 90 年代我国内地开始关注生命及其与教育的内在关系。

第二，学术阐释与学科界定阶段。2000 年哲学界和教育界对生命教育的理论阐释和课程探究的讨论一发而不可收。

第三，理论发展与实验探求阶段。自 2004 年始，生命教育在我国内地迎来了繁荣的发展期，这个时期理论界与实践界相互支持、相互促进，大量学术文章、著作和教材竞相发表和出版，各类年会、论坛相继举行，争芳斗艳，实践推广和课程开发也如火如荼地进行。

第四，国家战略与全新发展阶段。2010 年，国务院发布了《国家中长期教育改革和发展规划纲要（2010—2020 年）》，明确指出要重视生命教育，这标志着生命教育正式上升为国家教育发展战略；2011 年，中国人生科学学会全国生命教育工作委员会主办的"2011 年全国生命教育大会"在云南昆明召开；2012 年，首届国际生命发展论坛暨全球志工领袖峰会在香港召开；2013 年，中国陶行知研究会生命教育专业委员会正式宣布成立。

此后，生命教育陆续在各地中小学开设。总的来说，在中小学开展生命教育已经取得了一定的进展，"生命教育"这一现代教育理念已开始进入我国中小学校园。但是，严格意义上的生命教育的研究在我国只是刚刚起步，关于大学生的生命教育也开始展开，还没有引起足够的重视。

（三）生命教育的理论基础

起源于西方国家并在全球迅速发展的生命教育，有着深厚的理论基础。

1. 哲学基础

（1）西方的生命哲学思想

生命哲学是 19 世纪末至 20 世纪初在德、法等国流行的一种以非理性主义为主要特征的哲学思潮，其代表人物主要有德国哲学家威廉·狄尔泰、格奥尔格·齐美尔和法国哲学家亨利·柏格森等。生命哲学反对理性主义对人的生命的践踏与扭曲，强调从"生命"出发去理解宇宙人生，突出生命冲动与生命意志的本体地位，它极力为生命与人性摇旗呐喊，重视人的直觉、意志和体验的作用，推崇人的主体性和创造性，确立人在宇宙中的崇高地位。生命哲学思想呼唤教育要尊重个体生命的自主性、独特性和多样性，提升个体的生命质量，发挥生命的潜能，最终实现个体生命的价值。

作为生命哲学的代表人物，狄尔泰把生命等同于人类的精神活动，"生命不仅是有限个体从生到死的所有人生体验的总和，还是人类社会的全部创造和全部表现"。他主张人要凭借体验去把握生命的意义，在历史中寻找生命的价值。狄尔泰认为人类只有通过自我体验才能真正认识自身，只有在真切体验的基础上，才会对生命有深刻的理解。人的生命绝不单纯是理性的存在，而应该是理性、情感与意志的统一体。

作为生命哲学的集大成者，柏格森用生命冲动来解释宇宙本原。他认为，正是生命冲动创造了宇宙万物，并对物种的进化起到促进作用。柏格森用"绵延"这个概念表达生命的流动状态和宇宙进化的本质特征，"绵延意味着生命冲动持续不断的创新，同时也意味着生命之流的无限延伸"。此外，"在柏格森看来，生命本质上不是一种机械的、惰性的、物质的东西，而是一种不断创新、不断克服物质阻力而向上的力量"。在生命冲动和绵延理论的基础上，柏格森提出了相应的直觉主义认识论，这也是他的生命认识论。柏格森认为，直觉是一种理智的交融，这种交融使人置身于对象之内。作为一种主观的心理状态，直觉是内在于生命之中的，它是生命的自我认识。柏格森肯定生命冲动，肯定直觉认识，最终肯定的是人的生命的自由意志。

（2）中国传统文化中的生命哲学思想

"中国文化之开端，哲学观念之呈现，着眼点在生命，故中国文化所关心的是'生命'。"从总体上来说，中国哲学家把人的生命看作贯通一切的根源，强调在"天人合一"的基础上去运转生命，中国传统文化中蕴含的生命哲学思想，强调在关注肉体生命的基础上，更加注重人的精神生命，注重生命的超越性，强调人在道德、精神等方面的升华。但不可否认的是，不同的学派和思想家，对生命的认识和主张不尽相同。儒家强调的是重生、知生，主张通过反思生命，使生命更有价值；而道家强调的则是贵己重生、轻物重生，认为个体生命是世界万物中最高贵的一种存在，教育人们要对生命满怀敬畏，热爱珍惜生命。道教主张人们要有热爱草木鸟兽、山川河流的心情和雅致，要善待万物、保护物种，这应该是最原始的环境保护思想。

①儒家的生命哲学思想。儒家的生命哲学思想强调"天地之性，人为贵"，认为人的生命是天地间最为珍贵的，要做到尊重生命、珍爱生命。除此之外，儒家更加重视生命价值的实现，追求生命的意义。"仁、义、礼、智、信"是儒家对生命价值的终极追求，"修身、齐家、治国、平天下"是其实现生命价值的途径。需要指出的是，在儒家看来，仁义道德比人的肉体生命更为贵重，应致力于创造人的生命的社会价值。儒家对待生命问题的基本路径是从人的生命的生物有限性中提升人的生命的社会超越性和精神无限性，人类应该珍惜生命、善待人生，创造生命的价值。

②道家的生命哲学思想。道家的生命哲学思想强调的是"全生避害""安顿生命"。除此之外，还强调"故道大，天大，地大，人亦大。域中有四大，而人居其一焉"。老子认为人同道、天、地构成宇宙中四种伟大的存在，表明了老子对人生命的存在价值的肯定。老子宣扬个体的生命价值，认为个体生命是最宝贵的，它的价值要高于一切功名利禄。道家反对重物轻生，呼吁人们要敬畏生命、珍爱生命。道家的生命哲学的主旨是在保全和安顿物质生命的基础上，通过"道"来引导个体生命的精神超越世俗的束缚和生死限制，最终体验到生命的快乐。

③禅宗的生命哲学思想。禅宗是中国佛学中一支重要的宗派，宣扬"不立文字，教别外传，直指人心，见性成佛"，它凸显的是个体心灵顿悟自身的本性。禅宗的生命哲学思想，引导人们要超越现实的矛盾，还心灵以自由；以平和之心去体验生命，顿悟人生；运用禅的智慧去提升生命境界，找到和谐、自由、幸福的安身立命之道。禅宗强调放下一切外在的束缚，主张人要用心体验生命，提升生命境界，养成善待一切生命的慈悲情怀。

西方哲学比较重视个体的生命价值，中国哲学则强调生命的社会价值，但是两者都认可生命的崇高价值。生命哲学思想呼唤教育要尊重个体生命的自主性、独特性和多样性，提升个体的生命质量，发挥生命的潜能，最终使个体生命价值得以实现。生命哲学弘扬教育的生命精神，强调要给予学生人文关怀。

2. 心理学基础

（1）发展心理学

发展心理学研究个体从受精卵开始到出生、成熟，直至衰老的生命全程中心理的发生、发展的特点和规律。

埃里克森认为个体在一生中会经历8个阶段而每个阶段都有其特定的发展任务，发展得成功就会形成积极的品质，发展得不成功则会形成消极的品质。埃里克森提出心理发展的8个阶段包括：婴儿期的基本信任与不信任冲突；儿童期的自主与害羞冲突；学龄初期的主动与内疚冲突；学龄期的勤奋与自卑冲突；青春期的自我同一性与角色混乱冲突；成年早期的亲密与孤独冲突；成年期的生育与停滞冲突；成熟期的自我调整与绝望冲突。

瑞士儿童心理学家让·皮亚杰以人的思维发展为基础将人的心理依次划分成4个阶段：感知运算阶段、前运算阶段、具体运算阶段和形式运算阶段。不同的心理阶段有着不同的思维和人格特点，但任何阶段都必须以生命的存在为基础。

除了埃里克森、皮亚杰的阶段论，还有很多著名的心理学理论，如班杜拉的社会学习理论、科尔伯格的道德发展阶段理论等，都对发展心理学产生了重要影响。

（2）人本主义心理学

20世纪中叶，源于美国的人本主义心理学逐渐发展起来并在国际上产生了广泛的影响。人本主义心理学派对人性持积极乐观的态度，强调人的尊严与价值，主张研究正常的人；不仅要发掘人的心理潜能，还要研究人的热情、信念和生命尊严等高级心理，促进人的自我实现。

人本主义心理学家从现象学的观点出发,在研究中采用开放性模式,要求直接面对现实问题,不求证明,而求发现;不排斥客观性,但强调主观性;不忽视外部因素,但重视人的内在体验,如感情、态度、信念、价值、抱负等。心理学的研究对象不再仅仅是实验室中的实验品,而是现实生活中的人。在当代社会条件下,人本主义心理学有其独特贡献。它强调人的利益、价值及个人的尊严和自由。人被视为一种自由的力量,有能力选择自己所愿意的任何行动路线。由于有了这种自由,个人必须对自己的行为负责。这些观点为生命教育提供了新的思考路径和实践方向。其中有些教育思想也已成为生命教育理论的一部分,为生命教育提供了理论基础。

3. 社会学基础

生命不是孤立的,它存在于社会关系之中。社会对人的生存和发展有着重要的影响。社会的发展极大地丰富了人的物质世界,但也导致了人的精神世界的日益贫困化。在高速运转的现代社会里,人与自然、人与社会之间的冲突加剧,人们承受着巨大的危机和挑战。生态环境的破坏、地区冲突的升级、贫富差距的扩大等一系列社会问题的存在,导致人类生存环境的恶化和精神家园的失落,许多人不堪承受,从而轻视生命,甚至做出极端的行为。社会上出现的种种漠视生命、危害生命的现象应该引起全社会的重视,群策群力,从而找到解决问题的方法,帮助人们找回失落的家园,重建人类的精神家园。

4. 教育学基础

生活教育的目的,是要培养德智体全面发展的真善美的"活人"。陶行知生活教育理论的三大教育原理是"生活即教育""学校即社会""教学做合一"。陶行知把"传统教育"称作"吃人教育"。他认为,"应试教育"带有传统教育的许多弊端,如脱离实际、重书本、轻实践、忽视手脑结合的能力培养等,违背了人的全面发展规律和因材施教原则。生命教育应遵循生命发展的原则,依据生命发展的动力,引导生命走向完整、和谐与无限的境界,并促进生命不断超越。我们可以以生活教育理论为指导,践行生命教育。

5. 马克思主义生命价值观

生命价值是指一个人的生命所具有的自我价值和社会价值,是自我价值与社会价值的辩证统一。马克思主义的主导取向是人的解放,而人的解放的最高境界和目标就是人的全面发展。这是建立在对人的本质的科学认识基础之上的。

马克思认为,人是社会存在物,人的本质是一切社会关系的总和。把人的本质还原到人与人之间本源性的感性交往关系，认为每个人独特的个人经验——他人与自我、社会或他人、自然的感性关系构成他生活的总体。人只能在社会性的交往关系中实现其价值，追求其幸福，因为人对他人的需要是本质的需要，也是真正自然的需要。孤立的个人不但没有幸福可言，而且离开感性交往关系而追求金钱、权力和物欲的满足，必然导致人的非感性化和幸福感的缺乏。

同时，马克思主义生命价值观以辩证唯物主义的科学世界观为基础和指导，是面向人的全面发展的，是无产阶级科学的人生价值观，它既是真正批判的生命价值观，又是真正科学的生命价值观。

马克思主义生命价值观的批判性与科学性统一于人类社会发展的历史过程之中。因此，我们说马克思主义生命价值观的核心是共产主义，即每一个人都获得充分的发展是该价值体系的最终依据。马克思主义生命价值观既强调个人对社会的尊重和满足，又强调个人对社会的贡献和责任，正确揭示了个人与社会的关系，以共产主义为核心的马克思主义生命价值观包括以下两个方面。

第一，人只有创造性地为他人生活，才能创造性地为自己生活，追求幸福是人生的根本目的，也是人生意义的生成过程。人的本质上的社会性，决定了人只能在交往中获得创造感与给予感，这种创造感与给予感的获得才是真正意义上的幸福。

第二，为了自己的幸福，也必须使他人获得幸福，使一切人幸福。马克思主义生命价值观不仅仅意味着自觉地意识到人的社会性，创造性地为他人生活也是为自己生活；而且意味着投身于人类解放事业，为创造一切人获得幸福的条件而努力，当别人因为不具备实现其生活的可能条件而成为不幸的人时，我也是不幸福的。因为他人就是对象性地存在着的另一个"我"——是我的生命得以确证的对象；而且我的幸福的获得也仰仗他人的给予，他人因不幸而不能给我幸福时，他人的不幸直接就是我的不幸。因此，为了我的幸福，也必须使他人获得幸福，仅有部分人的幸福是片面的幸福，仅有部分人的自由其实不是自由。因此，马克思说："每个人的自由发展是一切人的自由发展的条件。"

无产阶级及其政党没有自己的特殊利益，无产阶级只有解放全人类才能最终解放自己。因此，解放全人类，建立每个人都能自由发展的、在物质上和精神上都能充分满足人类需要的共产主义社会，就是无产阶级和共产党人的最大价值所在及所追求的最大价值目标。

为无产阶级的革命事业与实现社会主义和共产主义而奋斗，是马克思主义生命价值观的核心内容。无产阶级及其政党所做的一切都是为了实现这个目标。为实现这个目标，他们不惜牺牲一切乃至生命，因为他们认为这样做是最有价值的，即使为此牺牲了自己的生命，也是死得其所。不管世界风云如何变幻，马克思主义的生命价值观将永远是起主导作用的生命价值观。

（四）"三生教育"

"三生教育"，即生命教育、生存教育和生活教育，是培养人的正确的生命观、生存观和生活观的教育活动过程。"三生教育"是人性教育，是人生观和价值观的教育，它不是一门学科的教育，而是渗透到各门学科的教育理念和教育实践，是渗透到学校教育、家庭教育、社会教育之中的通识教育。

1. 生命教育

"三生教育"中的生命教育是为了使学生认识个体的自我生命和他人的生命，认识生命的生老病死过程，认识自然界其他物种的生命存在和发展规律，最终树立正确的生命观，领悟生命的价值和意义。生命教育要以个体的生命为着眼点，在与自我、他人、自然建立和谐关系的过程中，促进生命的和谐发展。生命教育是一个过程，是应该终身接受的教育。教育的实施主体是人，教育的起点和终点是人的生命发展和生命价值的实现。生命教育是全社会、全人类不分国家、民族，不分阶层，不分年龄都应该接受的教育。

2. 生存教育

生存是对生命存在的证明。人和动物都要生存，区别在于动物只靠本能生存，而人靠本能和智能生存。生存能力的教育主要是向学生传授生存的知识和经验，有目的、有计划地培养人的生存意识、生存能力和生存态度，树立科学的生存价值观。

生存教育主要是对人的适应能力、选择能力和意志力等的教育。通过生存教育，能够提高人的适应环境的能力，包括适应自然环境、社会环境、学习环境、职业环境、生活环境的能力；能够培养人的独立人格和独立生存的能力，提高人的社会化水平，使其融入社会，与其他社会成员共同生存和发展；能够培养人的选择能力，在复杂的社会环境和不同的人生经历过程中，做出适合自己的选择，并为自己的选择负责。意志力在实现所选择目标中起着至关重要的作用。很多人在生存过程中自暴自弃，甚至失去生命，就在于没有坚强的意志力，不能积极面对现实、面对困难、面对挑战。生存教育必须要进行意志力的培养，增强生存意志力，不但要适应生存，而且要挑战生存。

3. 生活教育

人和动物都要生存，但只有人有生活。从广义上来讲，生活是人的生命活动的过程，是人在生存过程中各种活动的总称。这里讨论的生活，是生命的高级活动，是生存的升华和更高境界，是区别于生存又与生存紧密联系的生命活动的高级阶段。当今一些人缺乏起码的生活信仰和良好的生活习惯，物质匮乏导致精神贫困，物质富有却不能让精神富有，这就更需要进行生活教育。

生活教育主要是培养生活信仰，增强生活智慧，转变生活方式，培养生活习惯，创造幸福生活。生活教育能够使人认知生活、热爱生活、创造生活和幸福地生活，最重要的是培养理性生活信仰，树立正确的生活观和具有对美好生活的无限向往。

生活信仰是一切信仰的基石，是人生观的灵魂。生活信仰的教育在于使人追求殷实的物质生活、丰富的文化生活和高贵的精神生活，不断提高生活品质。生活教育要转变人们的生活方式，从愚昧转为文明，从落后转为先进，从低品位转为高品位，使人们过上自然、生态、简约、高雅、文明、和谐的生活。

生活教育培养人良好的生活习惯和规则意识，使人的生活具有灵魂自由和意志自律。生活教育使人认知、发展和实现对生活的创造潜能，创造自己的职业生活、家庭生活和社会生活，丰富自己的物质生活和精神生活，肩负起生活的责任。

生命教育、生存教育和生活教育相互联系又相互区别。生命教育是基础，生存教育是过程，生活教育是目标，形成生命教育—生存教育—生活教育的人生教育周期律。生命教育、生存教育和生活教育既是三个具有明显边际、层次分明的范畴定义，又是具有密切联系的生命活动的整体教育过程，有利于在不同的年龄阶段和不同的社会群体中进行不同内容和不同层次的生命教育、生存教育、生活教育。

三、大学生生命教育

（一）大学生生命教育的目标

1. 认识生命

认识生命既是生命教育的起点，也是其目标中的基本要求。生命的基本特征表现为自然、精神和社会三个方面的特性。生命首先是一个自然的存在物，同时人的自然生命承载着更重要的属于人所特有的内容，那就是人的精神性存在，这是人的存在的本质性内容。而人的自然生命和精神生命又都离不开社会活动和社会交往。据此而言，人的生命还是一种社会现象，可称作社会生命，其对人的自然生命和精神生命及其生活具有决定作用。把握了自然、精神和社会三个方面的特性，才是对生命的完整理解。

2. 珍爱生命

珍爱生命不仅因为生命具有独特性，还因为生命具有平等性和无限发展的可能性。每一个人的生命都具有不同于其他生命的特殊性，人的生命也因其特殊性而能做到改变世界和自身。人只有认识和理解了生命的特殊性和无限发展的可能性，才能学会去尊重和敬畏生命。大学生要既能珍爱自己的生命，又能珍爱他人乃至自然界一切生物的生命；要懂得人的生命的唯一性，切实明白它是人类一切情感、智慧和美好事物的载体。这需要大学生具备身体健康和心理健康的基本知识，具有一定的挫折承受能力，善于与他人和谐共处，具有比较强的环境意识和公德意识。

3. 创造价值

大学生不仅要懂得珍爱生命，还要懂得去积极地创造生命价值。生命价值是个体生命对于自我及社会需要的满足，它包括两个方面的内容：一是个体通过实践活动满足自我发展和自我实现的需要；二是个体通过这种活动来满足社会和他人的需要，通过对社会与对他人的责任和贡献来实现自己幸福人生的追求。这两个方面的统一才是人生价值的实现，也是体验和感受人生幸福的条件。大学生不应满足于自身存在状态，无论何时都不惧怕挑战，勇于自我更新，获得创新性成长。并且无论是身处顺境还是逆境，都应拥有积极的人生态度。自觉提升生命价值，这是大学生生命教育目标中的最高层次。

4. 追求意义

现代人的人生困境源于生活意义的失落。意义追求是生命的主动追求，是生命的自我确证和自我完善。生命教育应引导大学生主动认识和追求有意义的人生，使其在意义体验和追求中肯定自我、完善自我，不断提升生命质量，实现人生社会价值和精神价值的融合。人作为一个现实的生命存在体，要遵循自然界中生老病死的客观规律，但人作为主体，又是一个超越实在的自我而总能不断地扬弃自在的层面使自己处于自为的存在状态。升华生命价值其实是实现自己的社会价值，人活着不只是为自己，还应多为他人和社会着想。大学生应该有奉献精神，凭借自己的能力为社会创造更多的价值，只有这样，其生命才是真正有质量的生命，其生命价值才是升华了的生命价值。

（二）大学生生命教育的内容

1. 生命意识教育

生命意识是生命教育的重要组成部分。古希腊著名学者毕达哥拉斯最早明确地主张要重视人的生命，他是倡导人的"生命和谐"的哲学家。他主张在人世间，唯有生命最可贵，而且一切生命都是平等的、尊贵的，也都是神圣的。生命意识的培养，是大学生生命教育的起点。生命意识教育就是要帮助大学生树立科学完整的生命观，形成对生命的热爱、珍惜、尊重、敬畏、欣赏，并能主动维护生命的权利。

（1）珍惜生命之存在

人最宝贵的是生命，生命属于我们每个人只有一次，只有生命存在，才能有发展。生命给我们提供了种种机会，让我们去学习，去工作，去生活，去感受爱与恨，去体验幸福。每个人的生命不仅是属于自我的，也是属于家庭、社会、国家，乃至全人类的，因此对生命轻言放弃是一种极不负责任的行为。

（2）欣赏生命之美好

在历经疾病、战争、灾难等之后，我们都会不由自主地发出感叹：活着真好！活着真美！大学生要学会用一双发现生命之美的眼睛来欣赏生命，用一颗感受生命之美的心灵来感悟生命。置身于大自然中，面对小桥流水、花香鸟语、蓝天白云，能感受自然之美；站在达·芬奇的画像《蒙娜丽莎》、罗丹的雕塑作品《思想者》面前，聆听着贝多芬的交响乐、施特劳斯的圆舞曲，能欣赏到艺术之美；从航天英雄杨利伟的事迹，从袁隆平的奋斗经历，能感受到科学之美；从徐虎、李素丽、孔繁森、任长霞等先进人物以及许多平凡人身上，能感受到人性之美。生命充满了美好，充满了诗意，只要你懂得珍惜，懂得欣赏，过上诗意的生活里完全可能的。

（3）尊重生命之个性

生命是具体的、独特的，而不是抽象的。每一个生命都有其不同的天赋、兴趣、气质和冲动等，都是独一无二的。生命教育要时刻让大学生明白"我是独一无二、与众不同的，世界上没有一个人能代替我。无论我身上有多少缺点和不足，我的生命都是有价值的"。个性成长的过程，既是生命表现创造性、生动性的过程，也是培养个性的过程，更是一个激发生命的过程。生命是鲜活的，对个性的压抑和束缚，就是窒息生命，压抑生命。

2. 忧患意识教育

孟子说："生于忧患，死于安乐"。人生的道路不只有鲜花和掌声，没有一个人的人生道路是笔直和顺畅的。人有悲欢离合，月有阴晴圆缺，这里所指的忧患意识并不是"人无远虑，必有近忧"的忧患心绪，通常的忧患心绪只是指人们在陷入困境时心理上产生的焦虑感、困惑感、烦恼感和苦闷感，而忧患意识则是指人们从忧患境遇的搅扰中体验到生命的尊严和伟大及人之为人的意义和价值，进而以自身内在的生命力量去突破困境，超越忧患，以达到真善美的统一。培养大学生的忧患意识，要进行两个方面的教育，即逆境教育和死亡教育。

（1）逆境教育

人在生命的历程中不可能没有挫折和矛盾，"挫折无根日日生"，人生之不如意事十之八九，不幸是不能被绝对躲避的。先天的残疾、飞来的横祸、疾病染身，可能在人生的某个时刻强加于身，躲避是无用的，消极以待只会让不幸的人生更加不幸。痛苦是人生的炼炉，而不幸则是人生的炼狱，在不幸和痛苦中以自身的积极努力，去改变人生的逆境，去争取实现人生的幸福，这才是积极的人生。我们常常把苦难看作破坏性的事物，是人生中应当千方百计地加以避免的，所以，我们从小被教导要排除痛苦，学习讨厌种种不舒服。殊不知，这一系列不愉快的偶然事件，实质是人生的一部分，是属于生命的，是深藏于人类存在的本质之中的，是无法排斥和抗拒的。

挫折教育就是要培养学生接受的态度，并在此基础上培养学生战胜苦难的能力，最终使学生认识到苦难的积极意义，即人在苦难中更能超乎寻常地认识到自己的本质、尊严和力量，并激发自己潜在的活力，唤醒个体的崇高感，激励个体的人格尊严与价值，最终把人对生命的追思与探寻引向深处，孕育人的透彻的生命意识，对生命的珍爱及对他人生命的同情，拓宽人的生命情怀，丰富人的生命情感，净化人的心灵，提升人的精神境界。只有接受暴风雨的人，才能自由地撑着雨伞在暴风雨里走。

（2）死亡教育

死亡是令人害怕且又不可回避的问题，这是自然规律。但人正因为对死亡产生恐惧感才会更加留恋、珍惜生命。而在我们的社会中，死亡是个禁忌的话题，不仅世俗百姓忌讳死，名人高士也回避死亡问题。很多人都存在一种挥之不去的死亡焦虑，英雄人物感叹"壮志未酬身先去"，诗人咏道："无可奈何花落去"。生死是两相依的，有生就必有死。黑格尔在他的《哲学全书》里写道："生命本身即具有死亡的种子。"恩格斯在《自然辩证法》里的概括更简洁:"生就意味着死。"

死亡是生命的终结。人们不必躲避死亡,讳言死亡,而应该认识死亡,正视死亡,并通过"死"而反思"生"。

死亡教育通过对死亡的思考,可以加深对"生"的理解,使人们意识到自己生存时间的有限,体会到"生"的可贵、"生"的价值,抓紧生命的分分秒秒,为国家、社会多做贡献;使"生"更富内涵,更添风采,提高"生"的质量。

总体来说,目前学校对实施死亡教育尚持保留态度,死亡教育尚停留在理论呼吁层面,并没有落实在具体的教学课程与活动中,但由大学生自杀、伤人的现象发生的事实可见,对大学生进行死亡教育已刻不容缓。

3. 责任意识教育

人是生活在群体中的,这就决定了人必须对他人负责,在大学中开展责任教育已经逐渐成为国际道德教育的潮流。人类发展的目的在于使人日趋完善,使他的人格丰富多彩,使表达方式复杂多样;使他作为一个人,作为一个家庭和社会的成员,作为一个公民和生产者、技术发明者和有创造性的理想家,来承担不同的责任。世界各国都非常重视大学生的责任教育,如美国学校德育目标和内容规定之一是注重"责任公民"的教育。

(1)学会负责

人的社会化过程也是培养人的道德责任感的过程,责任是人之为人的本质规定。人必须对自己负责,对他人负责,对家庭负责,对社会负责。一方面,大学生要对自己的生命负责,要对自己的言行负责,要对自己的过去、现在和未来负责,学会自立、自强、自尊、自爱,珍惜生命,正视自我,以诚待人,严于律己,这既是大学生应该具备的健全人格,也是履行社会责任的基本素质。另一方面,大学生有责任用爱心回报社会,这种责任延伸开来,就成为一种惠及社会的强大力量。大学生要按照社会的道德准则及个体责任的平衡机制,自觉树立爱国主义精神和民族责任感,为国家的繁荣富强和民族的伟大振兴贡献力量。

(2)学会诚信

诚信对身处社会边缘状态的大学生十分重要。它是大学生形成高尚的道德品质和完善的健康人格的必然内容,是大学生成为国际化人才的必要途径,是大学生走向社会、认识社会、适应社会的必然过程,也有助于对社会有一个客观公正的评价,从而把自己真正融入纷繁复杂的社会中。要想加强诚信教育,就要引导大学生在学习时诚信考试，拒绝抄袭，杜绝舞弊；在求职过程中杜绝随意毁约、捏造"辉煌历史"的现象；毕业以后及时偿还银行的助学贷款，不恶意拖欠银行贷款。

（3）学会感恩

"乌鸦反哺，羊羔跪乳"，感恩是大学生生命教育不可分割的一部分。感恩教育是一种知恩、感恩、报恩和施恩的人文教育，既是一种以情动情的情感教育，也是一种以德报德的道德教育，更也是一种以人性唤起人性的生命教育。感恩父母，他们给予了我们生命；感恩老师，他们传授我们知识；感恩学校，它给我们提供了学习、求知的良好环境；感恩朋友，他们给我们的生活增添了绚丽的色彩。大学生只有具有崇高的理想信念、良好的思想道德素质、强烈的责任感和无私的奉献精神，只有对家庭、他人和社会常怀感恩之心，常留感恩之意，常存感恩之情，才能促进整个社会的和谐发展。

4. 伦理意识教育

教育的本质是培养人的社会活动。在现代教育中，人性的教化和知识学习走向了二元分裂的态势。以往那种知识学习和人格培育融为一体的教育不复存在，指向外部世界、指向客体化知识学习的教育成为当代教育主流。一旦目标设定结构产生偏差，就容易产生学业增长与道德促进的脱节。作为具有道德力量的人群，大学生在伦理维度上所体现出来的成长与发展的要求就是要学会做人。学会做人，在大学生培养目标的设定中具有以下几个方面的含义。

（1）学会尊重

日本学者池田大作指出"生命是尊严的，就是说，它没有任何等价物，任何东西都不可代替它。"尊重别人是做人最为基本的要求。尊重具有相互性质，在相互了解的情况下，一个人要获得别人的尊重，他首先必须学会尊重别人。人没有等级贵贱之分，只要是人，就应该获得一定的尊重。

（2）学会宽容

宽容是一种高贵的品格，是一种美德，也是大学生必备的优秀品质之一。法国著名作家雨果曾经说过："世界上最浩瀚的是海洋，比海洋更浩瀚的是天空，比天空更浩瀚的是人的胸怀。"伏尔泰告诉世人"宽容精神，来源于承认一切人都是不完善的"。大学生更应有宽广的胸怀，宽厚的慈爱之心，以宽容的心包容一切。

（3）学会关心

学会关心是当代大学生生命教育的重要内容之一，新时代的大学生要学会关心社会，关心他人，关心自己。21世纪的教育就是"学会关心"的教育。理解与同情是学会关心的基础。在当前物欲横流的时代，很容易造成一个人良心与同情心的泯灭。所以，要使大学生教育能够实现学会关心的目标，就必须召回人们在孩童时代就已经产生的善意与同情心。为了避免善意与同情心被怀有不良动机的人利用，就要求人们必须学会理解，即学会正确地判断身边所存在的事物，对那些需要关心且应当关心的人群，尤其是那些社会中的弱势群体给予必要的关心。

5. 奉献意识教育

我们已经相当熟悉人生价值的教育，因为几千年的中华文明一直在教诲我们什么样的人生才有意义，才有价值。

进行奉献意识的教育，要注意以下两个方面。

其一，奉献意识教育是基于"生命"的教育，它不是通过贬抑"肉体"的价值来提高"精神"的价值。根据人本主义心理学创始人马斯洛的需要层次理论，在一般情况下，人只有在生理的需要、安全与爱的需要、尊重的需要等满足后才会去追求人生的价值，才可能实现人生的价值。要让大学生明白，只有拥有强健的身体、健康的心理，才能提升生命的价值。

其二，奉献意识教育并不是推崇单一的价值观，而是尊重价值的多元化。既然社会利益的各个方面是动态的、多元化的，成千上万的大学生也是形形色色、参差不齐的，那么，我们对不同对象的要求和标准也就不可能一样。在进行奉献意识教育时，要把握教育的层次性和针对性。如果把所有的价值行为划分为合法的、合理的、提倡的三个层次，那么与此相应，我们的教育也可以按照兼顾个人与社会、服从社会、奉献社会这三个层次来进行。进行奉献意识教育是强调高层次的导向。虽然我们承认大学生个体之间的差异，也承认价值导向的三个层次，但我们仍然要把握高层次的导向，提倡大学生的奉献精神。因为大学生本来就是社会上的高层次人才，只有坚持高标准，才能拥有高质量，也只有这样，才能带动全体大学生，乃至整个社会的价值观健康发展。

6. 和谐意识教育

大学的生命教育就是创造一种广泛的和谐，即让学生与自身生命和谐、与周围环境和谐、与大自然万物和谐。新西兰记者戈登·德莱顿先生在《学习的革命》中曾说，教育的最高境界应该是达到人与自我、人与社会、人与自然的和谐，从而使受教育者在处理人与自我、人与社会、人与自然的三大基本关系中，能相互适应，相互包容，感到美好与惬意。

（1）人与自我的和谐

和谐的个体生命，总是身心健康的统一体。大学生不仅要有强健的体魄，还要有健康的心理，因此心理健康教育应是生命教育的一个重要组成部分。社会竞争的空前激烈，使大学生面临的压力越来越大。有调查表明，大学生的压力主要来自五个方面，即学业、情感、就业、人际关系、经济。适当的压力能促进大学生学习，从而能变成一种动力；但过于沉重的压力会使大学生无所适从，久而久之，大学生容易产生郁闷、压抑、烦躁等不良心理，甚至做出一些极端的事情。

美国学者马斯洛提出人的心理健康的标准，其中之一就是能适度宣泄情绪和控制情绪。所以，通过心理健康教育来传授或提供各种调适情绪、缓解压力的方法和技巧，是促进大学生身心和谐的重要途径。

（2）人与社会的和谐

人的本质是一切社会关系的总和。每个人都处于复杂的社会关系中，个体的生命都是人类生命的一分子，是社会关系中的一个点。在现代社会，人与人之间真诚、理解、和睦地相处，构建团结互助、平等友爱、和谐合作、共同进步的人际关系，有助于促进人们的身心健康、事业成功和人生幸福。

生命教育必须开展人际交往教育和社会道德教育。陶行知先生曾精辟地指出：教育的目标是培养人中人，而不是人上人、人下人，更不是人外人。要想把大学生培养成人中人，一方面要教育学生掌握人际交往应遵循的基本原则，如平等原则、诚信原则与宽容原则，学会理解、尊重与关爱，还要掌握一些处理人际关系的技巧和艺术，以便在社交场合能如鱼得水。另一方面，要培养大学生的人文关怀与社会关怀精神，学会接纳他人，欣赏他人，与社会共融共存。

（3）人与自然的和谐

自然也具有生命意义，具有自身的内在价值。18世纪法国启蒙思想家卢梭针对工业文明给人类社会带来的日益严重的工业污染和环境破坏现象，曾提出"归返自然"的口号。卢梭认为人与自然界本来就是一体的，不能分开，因为人类生命的源泉就在这里。过去，我们提出要战胜自然，要征服自然，悲剧也就由此产生。这其实是把人与自然界截然对立起来，不可避免地会出现人的生存意义丧失，精神家园失落的情况。只有关爱环境，自然才会给我们很好的回报，才会给我们提供优美的生存环境、清新的空气，提高我们的生命质量。

（三）大学生生命教育的学习方法

生命教育融入德育课程教学中，不同于一般知识课程的教育教学方法，应体现出强烈的生命体验与深刻的主体认知。只有这样，以生命开启生命、点化生命、润泽生命的教育才能落到实处。这就要求在实际课程实施中选择和应用能够彰显主体参与的、开放的、互动的教育教学方法。

1. 专题教学法

紧密结合大学生的思想实际，有针对性地进行生命常识、生命安全、生命健康、生命伦理、生命幸福、生命价值和死亡教育等专题教学。专题教学要求教师应有强烈的生命意识和关爱情怀。北京师范大学肖川教授认为，生命教育就是用生命去温暖生命，用生命去呵护生命，用生命去撞击生命，用生命去滋润生命，用生命去灿烂生命。教师本身所传递给学生的生命体验与感受就是一种生命教育。优秀的教师会用"生命的情怀对待工作和生活"。组织专题教学，要求教师应有课程开发的意识，教师在课前应充分备课，在课中应组织有效的讨论，方能收到事半功倍的效果。

2. 案例分析法

关怀生命是教育的题中之意。在高校德育教学中，教师可以对现实生活中的经典案例进行个案剖析，帮助大学生提高问题分析能力、是非判断能力和矛盾解决能力。教师选取个案时应突出鲜明的教育特色和预期的教育效果。对经典案例的全面剖析与深度解读，必将有助于大学生理解生命的内涵，把握生命的张力，提升生命的质量，追求人生的意义，实现人生的价值。

3. 影视欣赏法

根据教学内容需要，教师适时选用合适的影视资料，并陪伴学生一起欣赏、感受，充分发挥视听媒体的辅助教学作用。一般情况下，影视欣赏视频应控制在30分钟以内。对于经典作品的完整欣赏，可以安排学生在课外完成。教师观看视频之后，要留给学生一个独立思考的空间，给学生即兴发言或撰写心得的机会，让学生在影视欣赏中感悟生命的真谛，形成正确的生命认知。

4. 活动体验法

人是有意义的存在。对意义的理解与把握，需要体验、感悟和反思。

体验既是生命追求意义的直接方式，也是生命存在的基本形式。生命就是在不断体验中成长和发展的。体验具有生命的亲历性、个体性、情境性和意义性，能给生命个体带来心灵的震撼。通过体验，大学生学会欣赏生命，懂得生命的价值与意义，增强生命的责任感和使命感。

5. 经典阅读法

加拿大作家阿尔维托·曼古埃尔在《阅读日记》中说："有一些书，我们是可以轻快地一览而过的，当我们翻到下一页的时候，已经淡忘了前一页的内容；有一些书，我们是需要恭恭敬敬地阅读的，不敢对其中的内容妄加评论；有一些书，仅仅为我们提供信息，也并不需要我们对它们加以评头论足；然而还有一些书，我们如此长久而深情地挚爱着它们，因此，我们可以从最真实的意义上，运用心灵的力量逐字逐句地重温它们，因为我们理解它们。"

人的精力是有限的，阅读要有所选择。卢梭认为，"读书不要贪多，而是要多加思索，这样的读书使我获益不少"。什么是经典呢？阿德勒认为经典著作"都以独特的方式提出人所必须面对而经常发生的基本问题"，同时，它"含有多层深意，让人钻研不尽，它是启发智慧的源泉"。经典阅读可以选择生命励志图书如德国著名学者阿尔贝特·施韦泽的《敬畏生命》、阿德勒的《生命对你意味着什么》等，组织学生精读，写读书笔记，并在课堂教学中进行分析和点评，品味人生，开启智慧，陶冶情操，纯化性灵。

第二节　大学生心理危机的表现

一、生理表现

当大学生面对危机时，其身体各系统功能会大受影响，生理变化非常明显，常见的表现有手脚发抖，多汗，心悸，呼吸困难，喉咙及胸部梗死；同时伴有错觉和幻觉，对危机事件相关的声音、图像、气味等过于敏感，对痛觉刺激反应迟钝等。这类表现常出现在境遇性危机中。

易疲倦或肌肉紧；头痛、疲乏；肠胃不适、腹泻、食欲下降；月经周期改变，起青春痘，贪食或厌食；失眠、做噩梦、易惊醒等，其中失眠是大学生危机中常见的生理表现，这类表现常见于成长性危机或存在性危机中。

二、心理表现

处于心理危机中的大学生的心理表现则是多样化的，主要可以从认知、情绪、意志力和人格等方面来说明。

（一）认知方面

1. 认知偏差

在心理危机的状态下，大学生的注意力往往集中于危机事件之上，他们难以区分事物的异同，所体验到的事物之间的关系是含糊不清的，会产生错误的思维定式，容易以偏概全，以点概面，进而产生认知偏差。他们沉浸在悲痛的情绪中，表现为极端痛苦，这使得他们思想混乱，在对外界事物进行分析、评价时往往存在简单化、主观化的倾向，遇到事情时就会持有消极态度，只能看到事物消极的一面，忽视积极的一面。

认知偏差一旦形成，往往会影响大学生对事物的正确判断，致使他们对人和事总是存在不合理的认知。如果大学生的这种负面心态不能得到及时调整，那么这种认知偏差会对以后的生活起到负面作用，扭曲了事物的客观形象，影响他们对事物的准确评价，导致他们做出错误的行为。

2. 极端化的自我评价

心理危机状态下的学生在对自我进行评价时也会产生极端倾向，要么自我意识膨胀，过分欣赏自己，认为自己是最优秀的，常常抱有怀才不遇的心理，认为出现问题或难以解决的关键在于客观因素，在于他人或社会；要么自卑，对自己的能力、品质等自身因素评价过低，看不到自己的长处或优势，也不能以积极的态度来看待周围人的行为和对待他的态度，在面临挫折时缺乏自信心，他们会盲目地全面否定自己，使自己长期处于消极的情绪体验中，从而自暴自弃。

（二）情绪方面

大学是人的心理逐渐成熟的重要时期，与之不同的是，大学生在这一时期的情绪却还处于相对不稳定时期，具有起伏多变的特点。一般认为，适度的、情境性的负性情绪反应是正常的，如考试中的紧张和焦虑、失意后的悲伤等。当大学生遭遇到由学习、生活事件引起的悲伤痛苦情绪在长时间运用自己的能力解决却不能消除时，其极易产生不同程度的情绪问题，而异常情绪是判断个体产生心理危机的重要临床指标，包括恐惧、焦虑、抑郁、冷漠等情绪。

（三）意志力和人格方面

意志力方面主要表现为注意力增强或不集中，缺乏自信，无法做决定，健忘，自我效能感降低，甚至对生活失去希望。

平时性格开朗、生活态度积极乐观的学生，出现危机时则有可能引发相反的性格表现。如果平时是性格内向的学生，危机则会使之加重，或性格变得暴躁易怒，抱怨一切事情，甚至认为社会对他不公平。

三、行为表现

心理危机中的行为表现是大学生为排解和减轻痛苦感而采取的一些防御手段。行为变化又与情绪变化密切相关，不良的情绪必然导致行为的异常。在心理危机状态下，大学生常见的行为表现有极端行为和消极行为。

（一）极端行为

极端行为的表现是判断个体产生心理危机的重要指标之一。美国心理学家希尔德·布鲁克等的研究所述，在应激状态下，人的行为反应主要包括变相依赖、反常动作增多和替代性攻击三种行为倾向。

1. 变相依赖

变相依赖在大学生危机群体中主要表现为个体在应激状态下常常依靠吸烟、饮酒和暴饮暴食等不良行为来应对困难环境。事实上，变相依赖对于应付环境是徒劳无益的，它是一种逃避行为。吸烟、饮酒和暴饮暴食仅是一种权宜之计，这些不良行为除了在心理上给当事人带来一种暂时性的满足之外，再也不会带来实际效果。

2. 反常动作增多

反常动作增多是一些人在应激状态下经常表现出来的行为特征。大学生主要表现为上课无法集中注意力，睡眠困难，体质或个人卫生状况下降，疲惫，不注意个人仪表，孤僻独行，回避他人，逃避困难，丢三落四或坐立不安等。

3. 替代性攻击

替代性攻击是指个体为了减轻应激事物带来的压力而选择某种替代性目标进行攻击、发泄情绪的一种行为倾向。一般来说，个体在这种情况下所选择的所谓替代目标，往往是引起个体不快的物品，以及不具备反抗能力或者报复可能性很小的弱势群体或动物。有时，个体也会把攻击的目标转向自身，当个体把满腔不悦发泄于自身时，常会失去理智，做出一些危险的破坏性行为，严重时甚至可能出现自杀行为。

极端的行为表现是心理危机的预警信息，加强对这些异常行为的警惕作用能够及时发现并预防心理危机的发生。

（二）消极行为

进入大学校园后的学生个体，因生活环境、价值观念以及人际关系等的不同而不可避免地会与教师、同学等产生一些矛盾，也会在人生理想与现实抉择之间产生一些困惑。一些大学生一旦面临这些矛盾往往显得无所适从，表现出对危机问题的消极应对。

1. 逃避或回避

处在危机状态的大学生，有的不知道如何妥善处理以化解危机，有的选择逃避面对当下所经历的危机事件。因此，他们会承受着巨大的心理压力，并产生暴躁、自卑、失落、压抑等消极情绪；同时不懂得合理利用或主动利用身边的资源，采取有效的措施去解决这一矛盾，只能任由矛盾一直存在，最后可能越积越深，在一定因素的刺激下突然爆发出来，进而造成严重的后果。

2. 退行

危机事件发生后，有些大学生会有意无意地变得软弱无力，发生退行，对事物无主见，对自己日常生活管理的信心不足，被动性增加，事事都要依赖别人。他们变得提心吊胆、小心翼翼、犹豫不决、畏缩不前。

3. 固执

固执表现为危机中的个体找不到其他解决方法，而去重复或继续原有的行为，并且不顾这种行为是否有意义及能否解决问题。大学生有着很高的心理境界和心理需求，他们中的很多人自我意识较强，导致在对自己进行评价时往往会不客观，脱离自己的实际，对自己评价过高。他们不愿意采纳他人的建议或接受他人的帮助，在遇到矛盾时把原因归结于他人的行为，不愿意从自身寻找问题产生的原因。因此，当危机发生时，大学生会执着地选择继续重复当前无效的行为。

第三节　大学生心理危机的干预

一、大学生心理危机干预的原则

大学生心理危机干预有以下几个原则。

第一，预防与教育原则。有心理危机倾向的大学生是可以在早期被发现的。高校首先应抓住新生入校时期，对大学生进行心理健康教育，筛选出存在问题的大学生，做到早预防早干预。同时，在发挥预防功能中，高校要提高大学生的心理健康水平和应付能力以及帮助别人的能力，增加解决危机的资源和力量。

第二，及时性原则。心理危机的发生本身就是突发性的，所以在心理危机干预中时间最为关键。高校要做到及时发现、及时上报、及时干预与及时转介，要及时跟踪了解大学生的各种思想动态和变化，根据需要，有针对性地为大学生辅导与提供帮助。

第三，价值中立原则。当大学生因学业受挫、恋爱失败、人际冲突等而导致心理危机时，其原因与个人的人生观、价值观有非常密切的关系。在对大学生进行心理危机干预时，高校应遵循"价值中立"的原则。

第四，宣泄原则。释放是指个体把可能引起心理危机的情绪或其他负向的心理能量及时排遣的过程。当代大学生要有释放意识，高校应引导大学生当出现心理危机时，应及时向其所信任的人倾诉。

第五，持续性原则。心理危机干预具有长期性与反复性。心理危机干预体系一定要避免"一次性"干预，有些心理危机具有一定的潜伏性，再加上如今大学生的心理复杂性与多样性，使得心理危机干预不可能一步到位。高校要将心理危机转变为帮助大学生迅速成长的教育契机，适时建立信息跟踪、定期回访制度，从根本上对大学生的心理危机进行引导和干预。

二、大学生心理危机干预的对象

并不是所有的心理问题都构成心理危机，心理危机的干预对象主要是存在心理危机倾向与处于心理危机状态的大学生。这些大学生一般表现为情绪剧烈波动或认知、躯体、行为等方面有较大改变，且用平常解决问题的方法无法应对大学生出现的问题。

存在下列情况之一的大学生，往往是容易出现危机的高危人群，高校对他们需要高度关注，并及时采取相应措施。

①在心理健康测评中筛查出来的有严重心理问题或有自杀倾向的大学生。
②对环境适应较困难的大学生。
③遭遇重大生活挫折，如失恋或亲人的突然丧失等的大学生。
④有明显人格缺陷，如严重自卑的大学生。
⑤学习压力大，且自身难于排解的大学生。
⑥认为前途渺茫及对就业压力无法积极应对的大学生。
⑦有自杀或伤害他人意念、行为的大学生。
⑧家庭经济困难且性格内向，不主动寻求社会支持系统帮助的大学生。
⑨患有严重心理疾病，如抑郁症、躁狂症、恐惧症、强迫症、癔症等心理疾病的学生和精神分裂症治愈出院处于康复期的大学生。

三、大学生心理危机干预的模式

从心理学角度来看，大学生心理危机干预有以下几种基本模式。

（一）哀伤辅导模式

由林德曼发展的"哀伤辅导"概念是当前心理危机干预理论最为重要的基础。林德曼强调在强烈的悲痛面前，人不能沉湎于内心的痛苦中，而要让自己感受和经历痛苦，发泄情感（哭泣或哀号），否则容易产生不良后果。哀伤辅导包括对丧亲的哀痛，体验哀痛，接受丧亲的现实，在失去亲人的情境下调整生活。目前，哀伤辅导模式在世界很多国家都得到蓬勃发展，其在危机干预工作中所取得的成效是显而易见的。对丧失亲人的当事人进行相关辅导，可使其恢复信心，重新树立生活目标。

（二）平衡模式

危机中的个体通常在情绪或心理方面失去了平衡，这导致原有的应付机制和解决问题的方法不能有效地处理危机。危机干预的目的就是要帮助危机中的个体重新获得危机前的平衡状态。在危机的早期，个体通常感到无法控制事态，不能清楚地分析问题，做出适当的选择。此时可采用平衡模式，将主要精力集中在稳定个体的心理和情绪方面，重新达到某种程度的稳定。

（三）认知模式

认知模式认为危机产生于对事件及其有关方面的错误思维，而不是事件本身。

认知模式认为通过改变思维方式，特别是对认知中的非理性和自我否定部分进行重新认识，从而获得理性并强化思维中的理性和自强的成分，个体就能够获得对自己生活中危机的控制感。

（四）心理社会转变模式

心理社会转变模式认为人是遗传天赋和社会化的产物。人们总是在不断地变化、发展和成长的，而他们生活的社会环境也在不断地变化，危机可能与内部困难和外部困难有关。心理社会转变模式强调的危机不单是由个体的内部状态引起的，危机的产生还涉及个体以外的各种环境因素，如同伴、家庭、职业、社区等。

四、大学生心理危机干预的步骤

（一）危机评估

危机评估，就是要了解使当事人陷入危机状态的事件的起因、经过以及阻碍个体解决问题的因素。因此，在采取任何行动改变该个体现状前，要与当事人一起对其现状进行明确的定位，可以通过观察、询问等方式来了解当事人遇到的危机。此外，评估的另一个重要部分是确定当事人是否有自杀倾向或者伤害他人的倾向。如果当事人并不存在这一问题，就可以继续进行评估程序，否则必须制订紧急方案，对当事人进行精神治疗或住院治疗，以保证该个体的自身安全和他人的人身安全。

（二）制订心理危机干预方案

危机评估之后随即进入制订心理危机干预方案阶段。危机干预工作者要对当事人的社会功能进行判断，这里包含两个层面：一是个体能否正常地生活、工作、学习或从事人际交往；二是个体是否影响他人的正常生活，他人对这个问题的看法如何，他人是否感觉不适。通过收集这些信息来制订初步干预方案。

（三）实施危机干预计划

实施干预阶段是整个危机干预步骤中最为核心的阶段，在这一阶段危机干预工作者主要解决以下四个问题。

第一，帮助当事人疏泄情绪。部分心理危机是由当事人压抑、否认某些情绪情感（如愤怒、爱和恨等）而引发的。危机干预工作者要向当事人表示理解和关心，鼓励当事人表达目前感受，如否认、内疚、悲痛、生气等，必要时采取放松、疏泄等心理治疗手段及时减轻当事人的痛苦感和紧张感。

第二，帮助当事人正确理解现状。改变当事人非理性的认知，让当事人认识到目前的情感活动是对危机的正常反应，帮助当事人理智地面对现实。

第三，帮助当事人建立适当的应对方式。帮助当事人总结过去成功的应对逆境的经验，学习新的应对方式，学会利用外界资源在危机状况下获得情景支持，减轻逆境对心理平衡的影响。

第四，获得承诺。为了使当事人能够坚持实施整个危机干预计划。危机干预工作者应和当事人一起回顾整个干预方案和相关计划，并从当事人那里得到诚实、直接和适当的承诺。

（四）预期结果

在对危机个体进行初期的干预并制订长期的干预方案后，危机干预工作者需要对干预后的结果进行预测。预测个体的心理和机体能否恢复到原来的正常水平以及能否达到更好的平衡状态。预期结果对制订方案和实施干预步骤有一定的反馈作用，能够对个体在遭受心理危机后的不同时期提供更好的帮助。

参考文献

［1］陈楚瑞，耿永红. 大学生心理发展与健康教育 [M]. 大连：东北财经大学出版社，2011.

［2］陈秀清，胡平贵. 大学生网络依赖行为与心理健康研究 [M]. 长春：吉林大学出版社，2017.

［3］刘栋，薛少一. 当代视阈下大学生心理健康教育理论与实践研究 [M]. 北京：中国书籍出版社，2018.

［4］武光路. 多维视角下的大学生心理健康教育探索与实践研究 [M]. 大连：东北财经大学出版社，2017.

［5］刘婧. 网络环境下的大学生心理健康教育 [M]. 长春：东北师范大学出版社，2017.

［6］陆洪，宋彤. 大学生心理健康教育与发展 [M]. 北京：北京理工大学出版社，2017.

［7］刘苍劲. 新时期大学生心理健康教育实效性研究 [M]. 北京：北京师范大学出版社，2017.

［8］唐琳. 网络环境下大学生心理健康教育研究 [M]. 成都：西南交通大学出版社，2018.

［9］许迪. 大学生心理咨询与心理健康教育 [M]. 哈尔滨：哈尔滨工程大学出版社，2018.

［10］李龙，李晨光，陈恒英. 大学生心理健康教育 [M]. 重庆：重庆大学出版社，2018.

［11］李晓光. 当代大学生心理健康教育的理论与实践研究 [M]. 北京：海洋出版社，2019.

［12］严敏，熊星. 自主与成长：大学生心理健康教育 [M]. 青岛：中国海洋大学出版社，2019.

［13］罗旋，王倩婷，杜爽.大学生心理健康教育[M].长春：吉林科学技术出版社，2019.

［14］薛春艳.生命教育视野中的大学生心理健康教育研究[M].武汉：华中科技大学出版社，2020.

［15］张伟.当代高校学生心理健康教育理论与实践探索研究[J].食品研究与开发，2020，41（22）：251-252.

［16］谢阳熙.网络时代大学生心理健康教育的路径探索[J].食品研究与开发，2020，41（22）：247.

［17］赵高娃.互联网时代背景下大学生心理健康教育的重要性[J].发明与创新（职业教育），2020（11）：95-96.

［18］吴聪.当代大学生常见心理问题及疏导路径[J].科学咨询（科技·管理），2020（45）：80.

［19］孔艳芳.数字经济时代大学生心理健康的构成要件及优化路径[J].教育教学论坛，2020（45）：4-5.

［20］侯晓乐.新时期大学生心理健康教育的探索[J].科学咨询（教育科研），2020（46）：70-71.

［21］胡霁芳.大学生心理健康的现状成因分析及对策[J].才智，2020（29）：96-97.

［22］张芸芸.大学生心理健康的影响因素及对策探析[J].社会与公益，2020（10）：39-42.

［23］李慧.高职大学生心理问题成因和解决对策探究[J].家庭科技，2020（10）：32-34.

［24］陈墨.新媒体环境下大学生心理健康教育研究[J].农家参谋，2020（19）：294.